「何を話す?」「どこまで聞く?」「どう育てる?」

を解決する

女性部下や後輩

をもつ人のための

For Those Who Have
Female Team Members

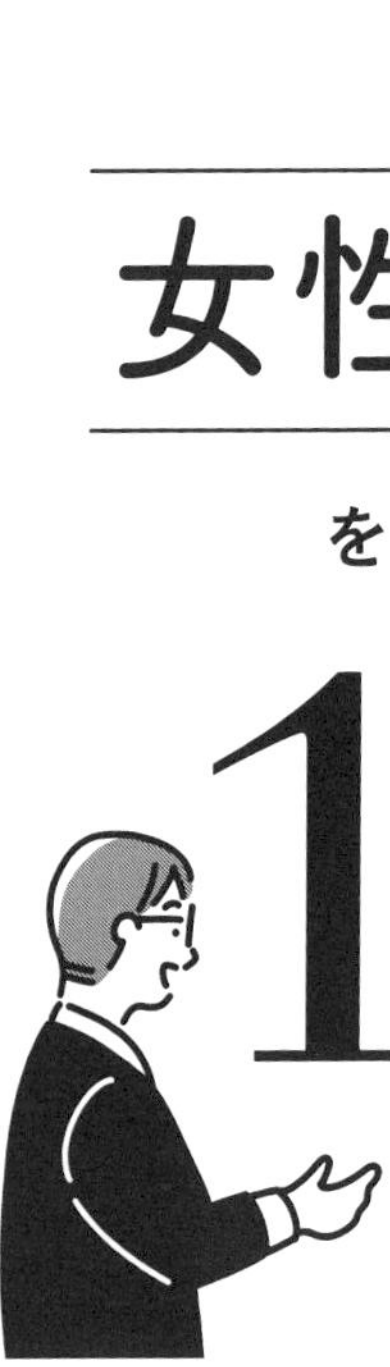

1on1

の教科書

池原 真佐子

日本実業出版社

はじめに

■「部下（後輩）の育成・成長」に悩む管理職が増えている

多くのリーダー層や管理職の方が、部下（後輩）の育成や成長に対して、次のような悩みや疑問を抱えています。

- 部下や後輩のキャリア支援で、プライベートも含めたライフ・キャリアについて、どこまで踏み込んで良いのかわからない
- １ｏｎ１が大事と言われてもやり方がわからない。何を聞けばいいのかわからなくて、雑談や業務の話で終わってしまう
- 管理職候補の女性社員に昇格・昇進を打診したが、「自信がないので辞退したい」「プライベートを大事にしたいので難しい」と言われた
- 社内での雑談や飲み会が減って、業務以外の会話をすることが減った
- 期待していた部下（後輩）が突然辞めると言い出し、どうすればいいかわからない

こうした課題に対する解決の糸口は、あるのでしょうか。

私は、上司（先輩）が、部下（後輩）の中長期的なキャリア形成について、1対1で対話する場を業務内で設けることが、本質的な解決の一助になると考えています。

本書で主に扱う1on1（ワンオンワン）は、業務の話や情報共有、進捗報告、評価面談のことではありません。部下（後輩）の中長期的なキャリア形成について、1対1で対話する「キャリア1on1」について、詳しく解説していきます。指示や命令をしたり、評価対象として相手と話したりするのではなく、経験豊かな上司（先輩）が「メンター」となり、次世代に対してキャリアの対話をし、必要に応じて助言をすることで、成長をサポートするのです。これにより、部下（後輩）は安心感を抱きながら、自分のキャリアに対して前向きに展望を抱くことができるようになります。

■ロールモデル・メンター的な存在からキャリアに寄り添ってもらう大切さ

ここで、私の自己紹介を兼ねて、自身の経験から、「なぜ、メンター的な存在とキャリアの話をしたり、助言をもらう場が必要なのか」について触れたいと思います。

シンガポールにあるINSEAD（欧州経営大学院／フランス、シンガポール、アラブ首長国連邦に校地を置くビジネススクール）のＥＭＣＣＣ（現在のＥＭＣ：エグゼクティブマスターインチェンジ）コースで、コーチングと臨床組織心理学について専門的に学んだあと、起業することを決めました。

ただ、起業したあとほどなくして妊娠がわかり、臨月を迎えるころにはパートナーの海外転勤が決まりました。いろいろと迷ったり悩んだりしましたが、結局、私は日本に残り、育児と仕事を一人で両立することにしました。

ところが、周りの人たちからは、「子どもが可哀想」などと言われ、モヤモヤしたり、経験したことのない進路に不安も覚えました。

そんなとき、この不安を解消するために、コーチングの機会をもち、気持ちの整理をしていました。しかし、コーチングのスキルだけでは、どうにもならないと限界も感じました。コーチングは、簡単に言えば「自分の中に答えがある」ことが前提で、コーチはロールモデルである必要はなく、かつコーチは助言をしないことが原則です。けれども、子どもを産んだあと、ワンオペ育児と会社経営をどう両立するか、会社経営をどのようにしていくかといったことは、私にとって右も左もわからない未知の領域でした。経験したことがないキャリアの選択において、「あなたの中に答えがある」と言われても、自分の中から答えなんて出てきにくいと感じました。

そんなとき、人生の先輩・ロールモデル的な人が寄り添い、話をじっくり聞いてくれたり、「私のときはこうだった」などと自分の経験をシェアしてくれたり、生き方に助言をくれたりしたのです。これにより、経験したことがない未来の選択でも視野が広がり、納得感をもって進むことができました。キャリアの話ができる場所があること、そして助言や経験を共有してくれるロールモデルがいることのありがたさと必要性を、私が初めて感じた瞬間です。

自分の話を聞いてもらった上で、自分とは異なる相手の経験から助言をもらう。それによって、自分自身の中にある「AかBか」という選択肢だけではなく、「Cもあるんじゃない？」といった新しい可能性を見い出すことができる。あるいは、勇気づけや励ましをもらうことができる。この経験から、コーチングではなく「メンタリングスキル」というキャリア１ｏｎ１の技術を開発しました。そして、プロのメンターを育成するスクールを作り、さらに「ロールモデルがいない」という企業で働く女性社員とプロの社外メンターとをマッチングする事業を始めたのです。

本書でお話しする１ｏｎ１の核となるメンタリングスキルには、この事業で得た豊富な知見がぎゅっと濃縮して盛り込まれています。

■「1on1が上手な上司（先輩）」は誰でもなれる！

事業を通していつも感じているのは、実際に、誰でも素晴らしいメンター・助言者になるポテンシャルがあるということです。失敗も、挫折も、今はまだ乗り越えていないことも含めて、あなたの人生や経験が、次世代にとって豊かな助言になります。テレビや雑誌に出てくるようなすごい人の話だけを聞いて、人は勇気づけられるわけではありません。すべての人が、これまでの人生において、さまざまな経験をして今日に至っています。その経験をシェアすることで、励まされたり、勇気が湧いたり、視野が広がったり、アイデアを思いついたりする次世代の人がたくさんいるのです。

ただ、そのためにはコツや技術が少し必要です。本書を通して、「1on1が上手な上司（先輩）になるためには、何をしたらよいか」について余すところなくお伝えしていきます。

池原真佐子

目次

女性部下や後輩をもつ人のための1on1の教科書

第2章 1on1の役割とルールを知っておこう

第3章

深い1on1を実現する2つのスキル1

1on1が変わる！「ディープカンバセーション」

第4章

深い1on1を実現する2つのスキル2

1on1が変わる！「アドバイス」

第5章

実際に部下（後輩）と1on1をしてみよう〈基礎編〉

第6章 ケーススタディで考える うまくいかない1on1の解決法

第7章 女性リーダー・管理職育成のための1on1の課題

第8章 女性との1on1をより効果的に行うために〈応用編〉

カバーデザイン　沢田幸平（happeace）
カバーイラスト　山口 歩
本文デザイン・DTP　初見弘一
編集協力　黒川なお
著者エージェント　アップルシード・エージェンシー

第1章

一なぜ今、キャリア1on1が必要なのか?

SECTION 1

そもそも「キャリア1on1」って何？個人面談では不十分？

「1on1（ワンオンワン）」とは、定期的に上司と部下が、あるいは先輩と後輩が、1対1で行う面談や対話のことです。といっても本書では、業務の情報共有や進捗報告、あるいは半期に一度ほどある昇格などに絡んだ評価をテーマに話をする1on1や面談は扱いません。本書でお話ししていくキャリア1on1では、部下や後輩の中長期的なキャリア全般にまつわるテーマを幅広く扱います。

■「キャリア」の概念とは

そもそもキャリアとは、一般的に「就職」や「出世」、「経歴」、「業務内容」といったイメージで使われることが多い言葉です。けれども、実はそうではありません。**「キャリア」とは、その人の夢や希望、ライフイベントなども含めたプライベート、大切にしている価値観などもひっくるめた「生き方そのもの」**です。

「キャリア」の概念については、厚生労働省が次のように提唱しています。

「キャリア」とは、一般に「経歴」、「経験」、「発展」さらには、「関連した職務の連鎖」等と表現され、時間的持続性ないし継続性を持った概念として捉えられる。
「職業能力」との関連で考えると、「職業能力」は「キャリア」を積んだ結果として蓄積されたものであるのに対し、「キャリア」は職業経験を通して、「職業能力」を蓄積していく過程の概念であるとも言える。
出典：厚生労働省『「キャリア形成を支援する労働市場政策研究会」報告書』平成14年7月31日
厚生労働省職業能力開発局より一部抜粋

つまり、**中長期的なキャリアをテーマにした１ｏｎ１は、部下や後輩の成長や育成を目的に、その人の能力や長所を伸ばし、活かすための対話**なのです。

SECTION 2

プライベートも含めたキャリアの話をなぜ会社でする必要があるのか？

キャリア1on1が、部下や後輩の成長や育成を前提とした対話であることは、おわかりいただけたと思います。では、プライベートも含めたキャリアの話を、なぜ、わざわざ会社でする必要があるのでしょうか。

■将来の見通しが立ちにくい時代へ

大きな要因の1つに、今、私たちが生きている時代背景があります。思いがけず新型コロナウイルスの世界的な流行や、ロシアとウクライナの戦争などの煽りを受けて、先行きがどんどん不透明になり、見通しが全く立たない時代へ突入しました。いわゆる「VUCA（ブーカ）」の時代です（19ページ図参照）。

そのような世界的な変化の中で、私たちの生き方・働き方も変化し、伝統的なキャリア観から、自律型のキャリア観へと、時代の流れが加速しています。

たとえば、日本では、「大企業に就職すれば安心」「年功序列で順調に昇進していくもの」「終身雇用で定年まで安泰」といった伝統的な価値観が、ひと昔前までは当たり前でした。そのため、何歳くらいで結婚し、何歳くらいで課長になり、何歳くらいで家を買い、60歳で定年を迎える、といった伝統的なキャリア観が主流でした。つまり、ある程度の見通しが立ちやすかったのです。

ところが今は違います。

会社の制度に乗っかって、何となく過ごすのではなく、「このタイミングで学び直そう」「この時期になったらステップアップを考えよう」といったキャリアを、一人ひとりが自ら考え、動くことが強く求められるようになってきています。

とはいえ、働き方の選択肢が増えたことも手伝って、「自分はどうありたいのか」と迷う人が大勢出てきているというのが現状です。副業が解禁されたり、リモートワークが定着したり、業務内容が明確に定められている「ジョブ型雇用」が導入されたりと、さまざまな働き方が当たり前になりつつあります。

本来は、選択肢が増えるのは歓迎すべきことです。けれども、働き方の選択肢が増えたことで、「こういう生き方もできる。どうしよう……」「本当は何を一番大切にして働きたいんだっけ?」などと迷う機会もおのずと増えているのです。

さらに、キャリアに対する価値観は目まぐるしく変化し、多様化しています。「男性だって、しっかり育休を取りたい」「副業が気になる」「地方に移住してリモートワークがしたい」などと価値観が多様化している中で、会社が用意した既存のレールやフォーマットが、もはや多くの人にフィットしなくなってきている現実があります。

こうした背景が複雑に絡み合い、漠然とした不安やモヤモヤとした気持ちを抱える人が増えています。だからこそ、「どういうところに仕事のやりがいを感じるのか?」「この会社にいる意味は何なのか?」「大切にしていること・ものは何なのか?」「3年後、5年後、どういう生き方や働き方をしたいのか?」「そのために今、直面している課題は何なのか?」「課題を解決するために、どういう手立てが考えられるか?」といった根本的なことをしっかりと言語化し、会社で話す必要があるのです。

人が組織で活躍するためには、「働きやすさ」と「働きがい」の二軸が必要です。

■なぜ今、キャリア１ｏｎ１が必要なのか

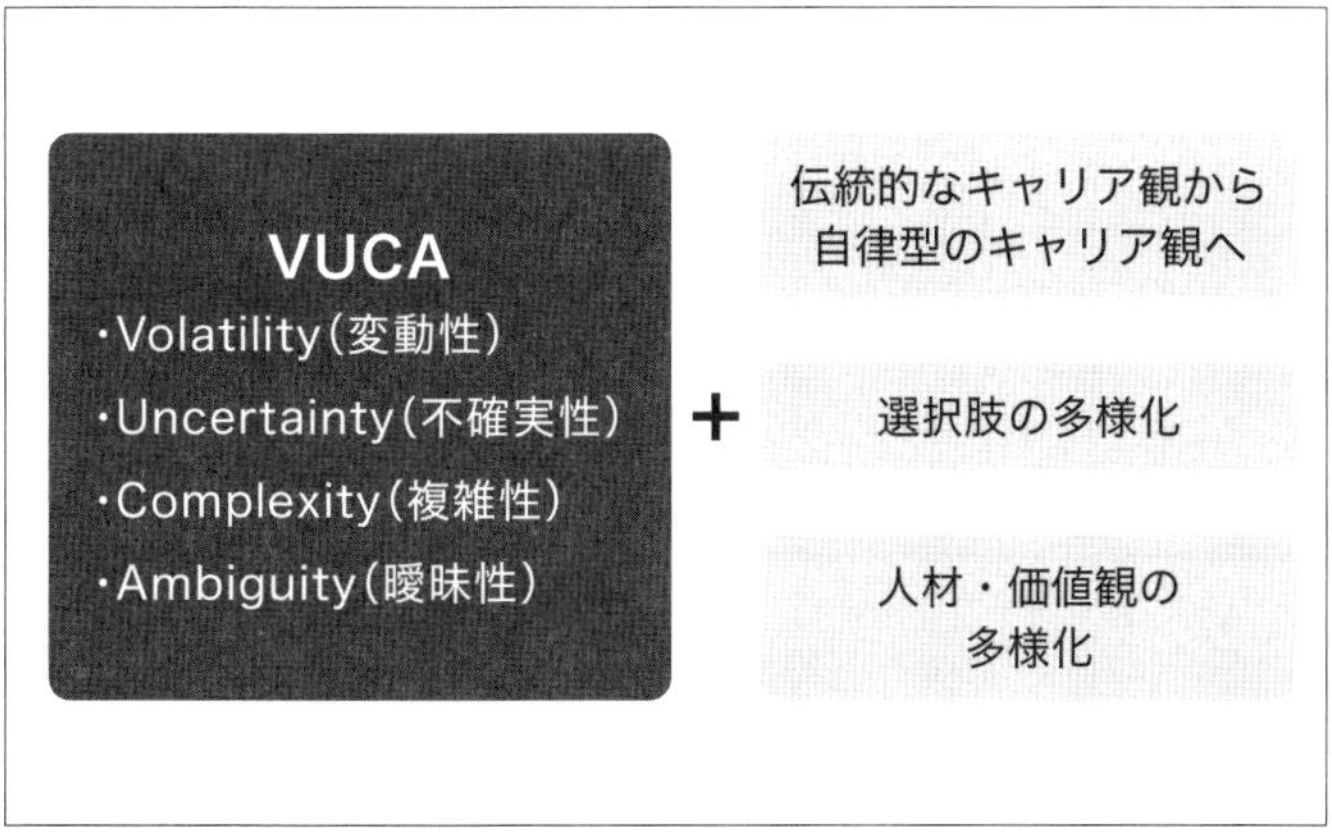

「働きやすさ」に関しては、制度や環境が整ってきている会社も多いですが、**「働きがい」のサポートをしていくのが、本書で取り扱うキャリア１ｏｎ１**です。

組織の中でしっかりとキャリアについての話ができなければ、多様な人が「働きがい」を感じて活躍できる風土はできていきません。

だからこそ、人生やプライベートも含めたキャリアの話を、わざわざ会社でする必要があるのです。

SECTION 3

キャリアの話は組織の中で後回しにされがちだという現実

■非公式の場でフォローされていたプライベート

これまで、プライベートも含めたキャリアの話は、組織のオフィシャルな場ではあまりなされず、後回しにされがちでした。

ひと昔前までは、みんな似たようなキャリアパターンを描いてきたので、キャリアの話をわざわざ公式の場でする必要はありませんでした。また、プライベートを職場で公式に持ち出すべきではないといった意識もあったかもしれません。

その代わりに、たとえば業務後の飲み会などで「どんなキャリアを描くの？」といった会話がなされてきました。つまり、キャリアの話はこれまで、主に非公式な隙間時間で何となくフォローされてきたのです。

とはいえ、そうした非公式な隙間時間をキャリアの話に使えるのは、一部の人たちだけでした。

組織の中では男性同士が、たとえば夜の飲食店や週末のゴルフなどで集まり、ビジネスやリーダーシップの話をしたり、次に目をかける人の話をしたりして、非公式の場で大事な仕事の話が進んでいくという実状があります。これを「オールド・ボーイズ・ネットワーク」（２０４ページ参照）と言います。

このネットワークに無理なく入れる人たちは、これまで１ｏｎ１がなくても、何となく自分のキャリアについて話したり、助言をもらったりする機会がありました。けれども、そうしたネットワークに入れない人たち、たとえば、介護や育児で業務後や週末の集まりに行けない人たちにとっては、キャリアの話は「蚊帳《かや》の外《そと》」であることが多かったのです。

ただ、新型コロナウイルスの世界的な流行によってリモートワークが加速したことで、オールド・ボーイズ・ネットワークが機能していた組織の多くで、これまで当たり前にあった「非公式な隙間時間でするキャリアの話」すらも、すっぽり抜け落ちてしまったという話を多く耳にします。

さらに、多様な価値観・属性・生き方の人が、自分の能力を発揮し、ワークライフバランスが取れていて、充実したキャリア形成が実現できる組織であることが、今以上に求められています。なぜかと言うと、労働人口が減っている中で、これまでのような日本人男性が中心で同質性の高い組織では、企業活動が維持できないだけでなく、多様化する市場に対応していくこともできないからです。女性や外国人、専門性や年代も異なる多様な人材が活躍できなければ、企業は今後、生き残っていくことはできません。

以上のような理由で、働く人、とくに組織の中では「キャリアの話を後回しにはできない」という空気が醸成されていき、近年、キャリア全般をテーマにした1on1が注目を集めるようになりました。

でも、考えてみれば、ある意味で当然かもしれません。

たとえば、女性活躍の文脈では、とくにキャリア1on1は重要です。最近、経営層におけるD&I（ダイバーシティ&インクルージョン／多様な人材を受け入れ、個々の特性を活かす）という流れも加速しており、組織ではよく、女性に対して「管理職になってほしい」と言います。ですが、一人ひとりの女性が背負っているものがどんなものなのか、どのようなキャリアを歩みたいのか、管理職へのハードルが何なのかを対話しないまま女性の起用に躍起になっても、女性活躍は進むはずがありません。

たとえば、私の会社では、女性リーダーのロールモデル的存在を「社外メンター」として育成しています。そして、「社外メンター」を企業で働く女性たちにマッチングし、キャリア１ｏｎ１を行っています。女性の「身近に等身大のロールモデルがいない」という課題を解決することで、女性をはじめ多様な人材が活躍できる社会を創る事業を行っています。最近では、当社の社外メンターに男性が増えてきたり、企業の管理職（主に男性）にも、さまざまな研修に加えて社外メンターによるキャリア１ｏｎ１を行うことが増えてきました。

さらに、社内メンターを育成し、社内の人同士でキャリア１ｏｎ１ができる仕組みを構築する事業も行っています。そうした事業の中で、実際に当社が行った効果測定によると、「キャリアの話を安心してできる場所がある」「キャリアについて相談できる存在がいる」ことで、「リーダーになるモチベーションが高まった」「キャリアへの意識が高まった」「会社へのエンゲージメントが高まった」といった結果が出ています。

会社は仕事をする場ですが、仕事はキャリアと密接につながっています。だからこそ、上司や先輩に「私はなぜ、この組織で働いているのか」「この仕事のやりがいは何か」といった本質的な話を聞いてもらえることが大事であり、キャリアの話を安心して聞いてもらい、必要に応じて助言をもらうことが重要です。そうした場を作ることが、今、組織で求められているのです。

これは、女性に限りません。ただ、組織の上長は男性が多く、働く女性特有のキャリアの課題への理解が追いついていなかったり、女性のほうがメンターやロールモデルが身近にいないというデータがあるのも事実です。

ですから、女性をはじめ、多様な人材に組織の中で大いに活躍してもらうためにも、キャリアについて話せる場を作るのが年長者の、そして組織の役割かもしれません。女性リーダー・管理職育成のためのキャリア１ｏｎ１については、第7章でとくに触れていきたいと思います。

SECTION 4

みんなが働きやすい組織にするにはキャリア1on1が不可欠

D&I（ダイバーシティ&インクルージョン）が実現した「多様な人たちが集まり、つながった、機敏で自律した組織」という意味では、性別は関係ありません。

ただ、女性が組織の中でキャリアについて安心して対話ができて、自分らしいリーダーシップを発揮し、キャリアを描いていける組織は、実は、誰にとっても働きやすい組織だと考えています。日本では、就業人口における女性の割合は45％程度を占めますが（総務省「労働力調査（基本集計）」）、組織の意思決定を行う管理職、とくに部長級以上になると少なくなり、女性が上を目指すロールモデルがいないという悪循環になっています。

想像してみてください。

誰にでも自分の健康や趣味、家族など、仕事以外にも大事にすべきものがあるはずです。けれども多くの女性は、たとえば育児や家事に追われていたり、介護を担っていたり、あるいは、「女性はこうあるべき」という考え方にとらわれ、リーダーになる機会や意欲をもちづらいのが現状です。

人口の半分を占める女性が、何らかの事情があることで組織の中でキャリアの展望がもちづらいような組織は、誰にとっても働きづらい可能性が高いのです。リーダーになることがキャリア形成のすべてではありませんが、リーダーになる可能性や機会すらもちにくい組織は、女性以外の多様な人材にとっても魅力がないですよね。

もちろん、パーフェクトな組織なんて、ほとんどありませんが、みんなが能力を発揮して幸せに働くために、理想の組織に近づく工夫はできます。

その1つの手段が、キャリアの話を部下や後輩とする「キャリア1on1」なのです。働く人、一人ひとりが、安心してキャリアについて対話することができたら、そして、人生の先輩の助言や経験談、ストーリーをシェアしてもらい、新しい視点を得ることができたら、私たちは前向きに進んでいくことができます。

第2章からは、キャリア1on1（ここから先は1on1と省略します）の役割やルール、心構え、必要なスキル、ケーススタディに基づいた解決法など、実際に意味のある1on1を実施するために必要なことを、すべてお伝えしていきます。

第2章

1on1の役割とルールを知っておこう

SECTION 1

1on1は「メンタリング」そのもの

メンタリングとは、「メンター」と呼ばれる人生やキャリアにおいて少し先を行く人との双方向の対話を通じて、自己理解を助けたり、キャリアを形成していく上で生じる課題を解決したり、相手の成長をサポートしたりする人材育成方法の1つです。サポートを受ける側を「メンティ」と呼びます。

「指示命令／評価対象としての関係性ではなく、経験豊かで成熟した先輩が、次世代の人に対しキャリアの発達や心理的・社会的成長を促すために実施する対話が、まさにメンタリングである」

これは、組織経営におけるメンタリングの研究論文を書かれた南山大学の教授、久村恵子先生の言葉ですが、メンタリングにおいて上司（先輩）は、一方的に指示や命令をしたり、相手を評価したりする役割ではありません。あくまでも、どこまでも、双方向の対話を通じて、部下（後輩）の成長をサポートしていく存在です。

昔から優れた成果を出すアスリートや芸術家、政治家などには、必ずメンターがいたと言われていますが、ビジネスの世界も同様であることが明らかになっています。

指示や命令、評価ではなく、情報共有でも進捗報告でもなく、中長期のキャリア形成について対話する１ｏｎ１には、メンタリングのスキルが欠かせません。もし、メンターとなる存在にメンタリングスキルがないと、たとえば、上から目線で説教をしたり、自慢話ばかりしたり、相手の話を全く聞かずに喋り続けたりという状況に陥ります。誰も、このような人から１ｏｎ１を受けたいとは思わないでしょう。このため、メンタリングスキルは、１ｏｎ１において不可欠なのです。

１ｏｎ１に必要なメンタリングスキルについてお話しする前に、本書で紹介するメンタリングスキルの背景について触れておきます。

私たちは、一般社団法人ビジネス・キャリアメンター協会という、キャリアのメンタリングに特化したオンラインスクールを運営しており、国内外問わず、さまざまなビジネスパーソンがキャリアメンターのスキルを習得できるようなコースを展開しています。また、株式会社Mentor Forという会社では、協会を卒業して選抜されたプロの社外メンターを、企業で働く人にマッチングして１ｏｎ１を行う事業を運営しています。これは、女性を中心に、多様な人が自分らしいキャリアとリーダーシップを発揮できるように支援することが目的です。社内メンター育成制度導入支援については、これまで業種業界を問わず、日本の大手上場企業からグローバル企業、行政、ベンチャー、スポーツ業界と、幅広い組織での導入実績があります。代表である私自身は、ＩＮＳＥＡＤ（欧州経営大学院）でコーチングと臨床組織心理学を学びました（Executive Master in Change）。

こうした背景から、私たちが独自に編み出したのが「１ｏｎ１を行うためのメンタリングスキル」です。これは、誰もが簡単に習得・実践できます。ここからは１ｏｎ１を行うためのメンタリングスキルについて具体的にお話ししていきましょう。

１ｏｎ１に必要なメンタリングスキルは、大きく３つあります。

１つ目は、「ディープカンバセーション（深い対話）スキル」です。これは、相手が安心して本音を話すための「信頼関係構築」と、相手の話の裏にある思いや価値観を知るための「傾聴」、相手の課題を整理したり思考を深めたりする「深掘り」から成ります。

２つ目は、必要に応じて経験に基づいた助言や指摘をする「アドバイス（助言）スキル」です。

そして３つ目は、話をまとめて相手が行動につなげられるようにする「クロージング」です。

それぞれの実践的なスキルについて、詳しくは第３章と第４章に譲りますが、ここでは大きな枠組みの話として、「メンタリングとコーチングの違い」について触れておきましょう。１ｏｎ１に必要なメンタリングのスキルについてお話しするとき、「メンタリングとコーチングの違いは何ですか？」という質問をよく受けるからです。

「１対１の対話によって成長を支援する手法」という意味では、メンタリングもコーチングも同じです。コーチングも、「傾聴」と「深掘り」を通じて本質的な課題にアプローチしていきます。対話を通じて相手が自分自身の価値観に気づいたり、「ハッ」とアイデアを思いついたり、思考が深まるといった効果は、メンタリングもコーチングも変わりません。

ただし、コーチングでは、コーチングを行う立場のコーチが、何かアドバイスをするということはありません。あくまでも、「答えはコーチングを受ける、その人自身の中にある」ことが前提なので、コーチが自らの知見を共有する、助言をするといった概念がありません。また、コーチはクライアントにとってのロール（パーツ）モデルである必要もありません。そのため、コーチングを受ける人が、これまで経験したことのないキャリア課題に対して、自分の中から新たな選択肢や答えを見つけ出すには難しい場面もあります。

たとえば、私の例で見てみましょう。「はじめに」でも書いた通り、私は結婚したあとに会社を立ち上げました。ほどなくして妊娠がわかりましたが、臨月のとき、思いがけずパートナーの海外赴任が決まり、途方に暮れた経験があります。

妊娠・出産というライフイベントに加えて、会社の経営に関しても、これまで経営者をやったことのなかった私には課題が山積みでした。

そんなとき、それまで専門的に学んできたコーチングを受けても、自分の中から具体的な「やるべきこと」を導き出せませんでした。まだ経験もしたことがない育児と会社の経営、そして配偶者の海外赴任を、どのように両立すべきか。「なんとなくこれ

■メンタリングとコーチングの違い

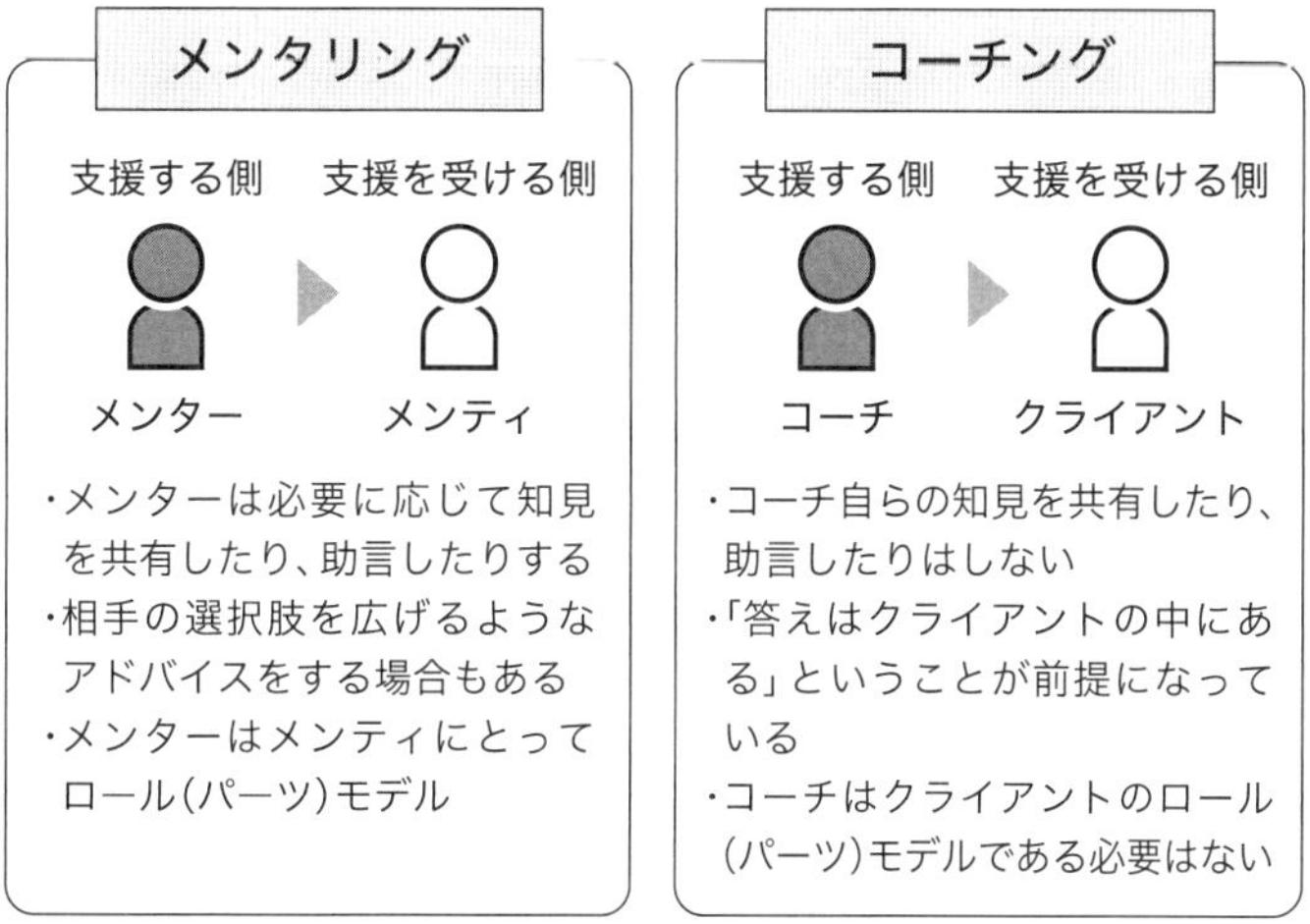

メンタリング		コーチング	
支援する側	支援を受ける側	支援する側	支援を受ける側
メンター	メンティ	コーチ	クライアント

<table>
<tr><td>

・メンターは必要に応じて知見を共有したり、助言したりする
・相手の選択肢を広げるようなアドバイスをする場合もある
・メンターはメンティにとってロール（パーツ）モデル

</td><td>

・コーチ自らの知見を共有したり、助言したりはしない
・「答えはクライアントの中にある」ということが前提になっている
・コーチはクライアントのロール（パーツ）モデルである必要はない

</td></tr>
</table>

かな……」というわけにもいかない。経験したことがないため、選択に苦悶しました。

しかし、ロールモデル的なメンターから、話を深掘りしてもらうだけでなく、アドバイスをもらえたことにより、新しい選択肢ができて、「じゃあ、私はこうしてみよう」と、自分らしいキャリアの決断をすることができたのです。その結果、キャリアも育児も家族も大切にしながら働くという選択ができたのです。

そうした実体験からも言えることですが、とくにキャリアに関しては、「経験していないものについて、自分の中から新たな答えは出てきにくい。そのため、ロールモデルとなるような経験者の話やキャリアの助言を聞きたい」というのが多くの方々のニーズであると考えています。

その意味では、メンタリングスキルに基づいた1on1では、必要に応じてメンター的存在が自分の経験や知見、知識を提供しますし、アドバイスや指摘もします。メンタリングならではの醍醐味をきっと実感できるはずです。

ちなみに、一般社団法人「ビジネス・キャリアメンター協会」のオンラインスクールには、企業人事やD&Iの担当者の方、また、国家資格のキャリアコンサルティングの資格をもつ方も多く受講されています。キャリアコンサルティングで学んだキャリアの幅広い知識もベースにしつつも、自分自身の人生経験をシェアすることができる1on1スキルに魅力を感じていただいています。

いずれにしても、本書で余すところなくお伝えしていくメンタリングのスキルは、「自分の経験をもとに相手のキャリア形成の助言をするスキル」「相手の選択肢を広げる対話術」として、1on1に欠かせない実践的な技術であることをぜひ覚えておいてください。

SECTION 2

1on1におけるメンターの3つの役割

１on１を行うメンターには、次のような３つの役割があります。

①キャリア支援
②ロールモデル、もしくはパーツモデルの提示
③エンパワーメント（励まし、勇気づけ）

その中でも一番大きな役割が、「キャリア支援」です。

とくに現代の社会やビジネスは変化が激しく、良い意味で選択肢も多い中で、「キャリアの正解」というものがありません。私たちは、迷いや不安が生じやすい時代や環境で生きています。だからこそ、部下や後輩が自分のキャリアを前向きに形成できたり、「こういう仕事の仕方や考え方、チャレンジもあるんだ」と気づいたりすることの

できる支援が、組織の中にあるかどうか。実は、これがとても重要です。

この話をすると、よく「社内でキャリア形成の話なんかしたら、優秀な人は辞めて、よその会社に移っちゃうんじゃないか」と心配する方がいらっしゃいますが、それはむしろ逆です。優秀な人に働き続けてほしいのであれば、優秀な人にこそ「働きがい」を感じてもらう必要があります。

部下（後輩）にとって、たとえ「今の仕事が完璧な理想」ではなくても、「仕事に何らかの意味を見出し、前向きなキャリア展望をもてる」というように、本人の大事な価値観と組織の目指す方向性や取り組みが少しでも重なることが重要です。もし、組織にそうした重なりを見出すことができなければ、人は定着していきません。

2つ目は、「ロールモデル、もしくはパーツモデルの提示」という役割です。

ロールモデルとは、考え方や行動、生き方の全般がお手本になる人物を意味します。部下（後輩）からすれば、「この人を参考にしたい」と思える存在です。

パーツモデルとは、考え方や行動、生き方の一部がお手本になる人物を指します。部下（後輩）にとっては、「部分的にでもこの人を参考にしたい」と思える存在です。

いずれにしても、１ｏｎ１において上司（先輩）は、これまでの経験や知見に基づいて部下（後輩）に助言し、成長を後押しする存在です。ですから、１ｏｎ１を受ける部下（後輩）が、１ｏｎ１を実施する上司（先輩）に対して、少なからず「参考にしたい」「参考になる部分がある」と感じることは重要なのです。

ただし、だからといって完璧な「スーパーマン」「スーパーウーマン」である必要は全くありません。キラキラとした自分を演じる必要もありません。むしろ、失敗や挫折を踏まえた等身大のあなたの経験や知見が、相手の参考になることが多いのです。

３つ目の役割は、「エンパワーメント（励まし、勇気づけ）」です。

たとえば、相手が一歩踏み出せるように励ましたり、自信がなさそうな相手の背中を押して勇気づけたりすること、上司（先輩）との対話を通じて、部下（後輩）が自分と向き合い、意思決定し、行動していくための勇気や自信をもてる状況を作っていくことも、１ｏｎ１の役割なのです。

ですから、あなたは部下（後輩）にとって、「正解のない人生で、納得できるキャリアを形成していくための伴走者」であるということを、心に留めておいてください。

SECTION 3

メンタリングの手法を使った1on1の効果

ここまで説明してきたように、メンタリングスキルを用いた1on1では、「人生の諸先輩方に深く話を聞いてもらいつつ、必要に応じて助言や経験のシェアをしてもらいながら前に進んでいく」という点が特徴的です。

ですから、1on1を受ける部下や後輩においては、上司や先輩などの話をいろいろと聞いて、他人の経験や知見も加わる分、次のような効果も期待できるはずです。

そのため、早く課題が解決したり、成長できたりする傾向にあります。

- これまでになかった視野の獲得
- 課題解決の選択肢の増加
- 身近なロールモデルとの対話によるキャリア展望の高まり

SECTION 4

1on1の「基本の形」を押さえよう

私たちが依頼を受けて、クライアント企業の社員の方と社外メンターをマッチングする場合は、まず月に1回程度の頻度で、1回60分、6回（半年間）以上の対話の場を設けてもらうようおすすめしています。社内で行う場合も、これくらいが良いでしょう。

たとえば、日常の業務から少し離れて、自分のありたい姿や現在の仕事を行う理由にしっかり向き合ってみる。あるいは、何か抱えている課題について、表面的なことではなく本質に迫ってみる。こうした内省をするには、それなりにまとまった時間が必要です。

これが1回あたり60分かける理由です。

1on1で気づいたことを実行したり、実行したことで新たな気づきを得たりすることで、少しずつ変わっていくものです。私たちは、今までの経験から「人が大きく変わるには半年以上はかかる」と実感しているので、月1回であれば少なくとも6回は行うようお伝えしています。

とはいえ、役職が上がったり異動したりして多忙な方を対象にするのであれば、「月1回×60分×最低3回」でも良いでしょう。

SECTION
5

社内メンター制度として1on1を運用する際のステップ

「そもそも、1on1の相手（メンター）はどのように選べばいいのか？」

「相性はどういうふうに見極めればいいのか？」

「同性のほうがいいのか？」


組織内でメンタリングスキルを用いた1on1の仕組みを社内メンター制度として構築しようとするとき、人事の方からはこうした質問をよくいただきます。

実は、いずれの質問も大前提として、「何を目的とした1on1なのか」をはっきりさせることが重要です。


たとえば、すでに管理職になっている人が、さらに役員候補などの上位職に上がっていく場合には、すでに役員である人がメンターとなって1on1を実施し、自らの経験や知見、心構えなどを伝えたり、不安の解消に努めたりするのが適当ではないでしょうか。男女関係なく、すでに上位職にいるふさわしい人が相談相手になれば良いでしょう。

一方で、たとえば女性のロールモデルが少ない組織で、女性をチームや組織のリーダーに育成する目的の場合はどうでしょうか。まず、メンターは同性のほうがイメージが湧きやすいかもしれません。

女性がリーダーになるときの障壁の1つとして、「身の回りに女性のロールモデルがいない」「周りは男性しかおらず当事者としての女性の課題を理解されにくい」「男性中心の組織でリーダーになる自信がない」など、女性がリーダーになるイメージが湧かないことがよく課題として挙げられるからです。もちろん、単に同性であれば誰でも良いわけではありません。そもそも、相手が話したいことや聞いてみたいことをきちんと受け止められる人であることが大前提です。

その上で、女性リーダーとしてロールモデルやパーツモデルになる人がどうしても組織内にいないのであれば、当社のサービスような社外メンターのマッチングサービスを活用するのも1つの手です。

とにかく、１ｏｎ１の目的によって、社内メンター・メンティは変わります。誰でも気軽にキャリアの悩みを相談できる窓口が作りたいのか、女性管理職のパイプを作る目的なのか、あるいは性別関係なく従業員のエンゲージメントを向上させたいのか。まずは、実施する１ｏｎ１の目的を明確にしましょう。

目的が明確になったら、次は目的に応じて、メンター役としてふさわしい候補者を決めていきます。このとき、メンターの選び方にはポイントが2つあります。これは、１ｏｎ１がどういう目的であっても共通して言えることです。

まず1つ目は、できるだけいろいろなタイプの人を揃えることです。目的に応じて、役職や年齢層などバラエティに富んだ人選にするのがポイントです。

たとえば、「全員似た属性」ということではなく、「時短で課長をしている女性」「育児休業を取ったことがある男性」「海外経験のある人」など、パーツモデルになり得るさまざまなタイプの人を候補リストに入れておくのが理想です。

2つ目は、「この人だったら話を聞いてもいいな」と相手が思える人柄の社員を選ぶことです。極端な話ですが、人材育成に全く興味がないことで有名な人と1on1をしても効果的ではありません。できれば、少しでも人の成長に前向きな社内の評判が良い人を選ぶようにしましょう。

そして、メンターの候補者には、第3章と第4章で紹介するメンタリングのスキルを必ずしっかりと身につけてもらいましょう。

さらに、できればその候補者にも、たとえば社外のプロメンターなどによる質の高い1on1を実際に体験してもらい、質の高いメンタリングをイメージできるようにしておくのが理想的です。

なぜなら、1on1が失敗する大きな原因は、「1on1を実施する側のスキル不足」と「1on1を実施する側に良質なメンタリング体験がない」ことだと言われているからです。これは、ハーバード・ビジネス・レビュー『あなたの会社のメンター制度はなぜうまく機能しないのか　優れたメンターを選び抜き、訓練する方法』

（2020年9月／W・ブラッド・ジョンソン、デイビッド・G・スミス、ジェニファー・ヘイソーンスウェイト）で論じられていることです。

メンターの候補者が決まったら、最後はメンティとのマッチングです。メンティが、どんなテーマで何を相談したいのか。これを事前に確認して、それらについて話せそうな相談相手を組み合わせるわけですが、このときに大事なのは「ニーズ」と「相性」です。

ニーズについては、まずメンターの候補者の情報を、メンティに対して開示しておく必要があります。「3年前に育休を経て職場復帰しました」「2年間休職して介護をした経験があります」といったライフイベントも含めて、キャリアの情報を開示しておきましょう。

その上で、メンティが第3、第4候補くらいまで候補を絞り、ニーズの偏りを見ながら人事が最終調整するとスムーズです。または、メンティ自身がメンターを選ぶというのでも悪くはないでしょう。

一方で、目的が「幹部育成」「リーダーの育成」など経営に直結するもので、効果測定までしっかりと行っていくという場合には、人事などの社内の事務局担当者がマッチングまで介入したほうが良いでしょう。

相性の見極めについては、なかなか難しいというのが本音です。経歴が合っていても、相談者の希望や要望を満たしていても、それだけでうまくいくほど単純なものではないからです。当社もマッチングには並々ならぬ工夫と工数をかけています。それぞれの人柄やタイプ、コミュニケーションの仕方などを見極め、まずは「明らかに合わない組み合わせ」を排除していくと良いでしょう。

だからと言って、相性までを緻密に自社の中でマッチングさせようとすると、大変です。ある程度割り切るか、当社のような外部の専門サービスに任せることなども検討してみてください。

SECTION
6

1on1をオンラインと対面のどちらで行うべきか

最近では、オンラインでの1on1も増えています。「対面とオンラインでは効果が変わりますか?」という質問を受けることもありますが、1on1の効果は変わらないと考えています。ただし、もちろんそれぞれ特徴はあるので、対面とオンラインそれぞれのメリットを活かしながら、目的に応じて上手に使い分けてみてください。

対面で行う1on1の一番のメリットは、相手が目の前にいるので、表情や視線、身振り手振りといった非言語の情報や空気感も含めた全体的な様子が、お互いにつかみやすいところです。

ただし、対面だと相手の反応がダイレクトに入ってくる分、メンティは自分の内面というよりメンター役の様子や反応が気になってしまいやすくなります。これがデメリットと言えます。

一方で、オンラインは画面越しでのコミュニケーションなので、１ｏｎ１を受ける側は自分に意識が向きやすく、内省が進みやすいという特徴があります。実際に、「会社の会議室で話すより、自宅でオンラインで話すほうがリラックスして話せる」「相手の様子に気を取られにくいので話しやすい」といった声が、当社にも寄せられています。さらに、環境さえ整っていれば、オンラインならいつでもどこでもつながることができます。移動のための時間も必要ありません。

ただし、どちらか一方でも周りにたくさん人がいたり、通信状況が悪かったりすると、お互いにとってストレスになります。もし、オンラインで１ｏｎ１を実施するのであれば、お互いが個室などで遠慮なく話せて、通信状態がよい環境を準備することが欠かせません。

また、オンラインでの対話に慣れていないと、自分の映り方を全く気にしない人がたまにいるものです。意味もなく顔をどアップにして話していたり、顔が見切れたまま話していたり、ひどいときは逆光で全く顔が映っていないのに気づいていなかったり。周りの環境や自分の映り方には気をつける必要があります。

SECTION 7

1on1でとくに気をつけたいこと

1on1で気をつけたいことは、細かいレベルで言うと本当にさまざまあります。このあとの第3章以降で、具体的な事例とともに紹介していきますが、ここではもう少し大局的な視点で「1on1でとくに気をつけたいこと」を3つ紹介します。

この3つを押さえておけば、1on1が成功するというわけではありません。ですが、少なくともこの3つを念頭において、1on1に必要なメンタリングのスキルを磨いていけば、意味のある1on1がきっと実施できるはずです。

①守秘義務を守る

1on1の場で話された個人的な内容を無断で他の人に話してしまっては、信頼関係を失います。ですから、まず守秘義務を守りましょう。

一方で、相談する側も、メンター役がしてくれるアドバイスや経験などについて、当然ながら守秘義務を守る必要があります。

1on1で聞いた話をうっかり漏らしてしまったという話は、少なくありません。話を漏らす本人としては、悪気はなく、何なら良かれと思って話してしまうこともありますが、これは完全にアウトです。「○○部長があなたのことを話していたよ」と言われた本人の気持ちになってみてください。たとえそれがいい話だったとしても、本人の許可なく勝手に話されたことに「えっ」とショックを受けるはずです。守秘義務は1on1の大前提と心得てください。

さらに具体的な事例や取るべき対応については、65ページを参照してください。

②信頼関係を構築できる態度を心がける

そもそもですが、信頼関係がない人に、自分の本音を交えたキャリアの話をしたいとは思いません。良好な信頼関係は、日頃から作っていくことが理想です。

けれども実際には、1on1の場でしか顔を合わせないような人がメンティとなる場合もあるでしょう。そのときも、「信頼関係を構築しようとする真摯な態度」は、少なくとも心がけましょう。

たとえば、話をしながらスマホをいじったり、メモを取ることだけに集中したりしてはいけません。「この人は、私の話をちゃんと聞いてくれているのかな？」と相手に誤解を与えるような態度は、少なくとも避けるべきです。カチャカチャとペンを指で回したり、頬杖をついたり、腕をずっと組んだり、無意識の癖のようなものにも注意したいところです。

オンラインなら、自分の顔がきちんと相手に見えているか、リアクションが伝わっているかといったことにも気を配ったほうが良いでしょう。

さらに具体的な事例や取るべき対応については、56ページを参照してください。

③お互いに目的を共有する

先にもお話しした通り、1on1の目的が共有されていないことが、失敗する大きな原因の1つです。「何のために、今、対話する時間を取っているのか」をお互いにきちんと理解していることが、改めて何より大切です。

目的が共有できていないと、1on1を受ける部下（後輩）は、「よくわからないけれど、呼び出されて根掘り葉掘り聞かれた」「どうしてプライベートのことにまで踏み込んで聞かれなければいけないの？」などと不信感や反感を抱きかねません。相手が腑に落ちないまま1on1を続けたところで、本質的な対話なんてできませんよね。「これは、あなたの中長期のキャリア形成について話し合う場であり、私は今回それを手伝う立場です」とか、「これはあなたが自分らしくキャリアを作っていくための時間です。

人生とキャリアの少し先を行く先輩として、あなたの話を聞きながら一緒に整理していきたいと思います」といったことを、まずはきちんとメンティに伝え、相手と最初に合意しておくのがとても大事なのです。

第3章

深い1on1を実現する2つのスキル❶

1on1が変わる！「ディープカンバセーション」

SECTION 1

1on1における「ディープカンバセーション」とは

第3章、第4章では、具体的な1on1のスキルを磨く方法を解説していきます。このスキルは、対面・オンラインを問わず、有効なものです。身につけることで、双方にとって満足感・納得感が高い1on1を行うことができるようになります。

スキルの1つ目としてまず紹介したいのが、「ディープカンバセーション」です。ディープカンバセーションとは、相手と信頼関係を構築し、相手の本当の課題に気づくべく話を深めていくためのスキルです。意味のある1on1を実現するのに欠かせないもので、次の3つの要素から成り立っています。

①信頼関係構築
②傾聴
③深掘り

では、次節より1つずつ見ていきましょう。

■ディープカンバセーション

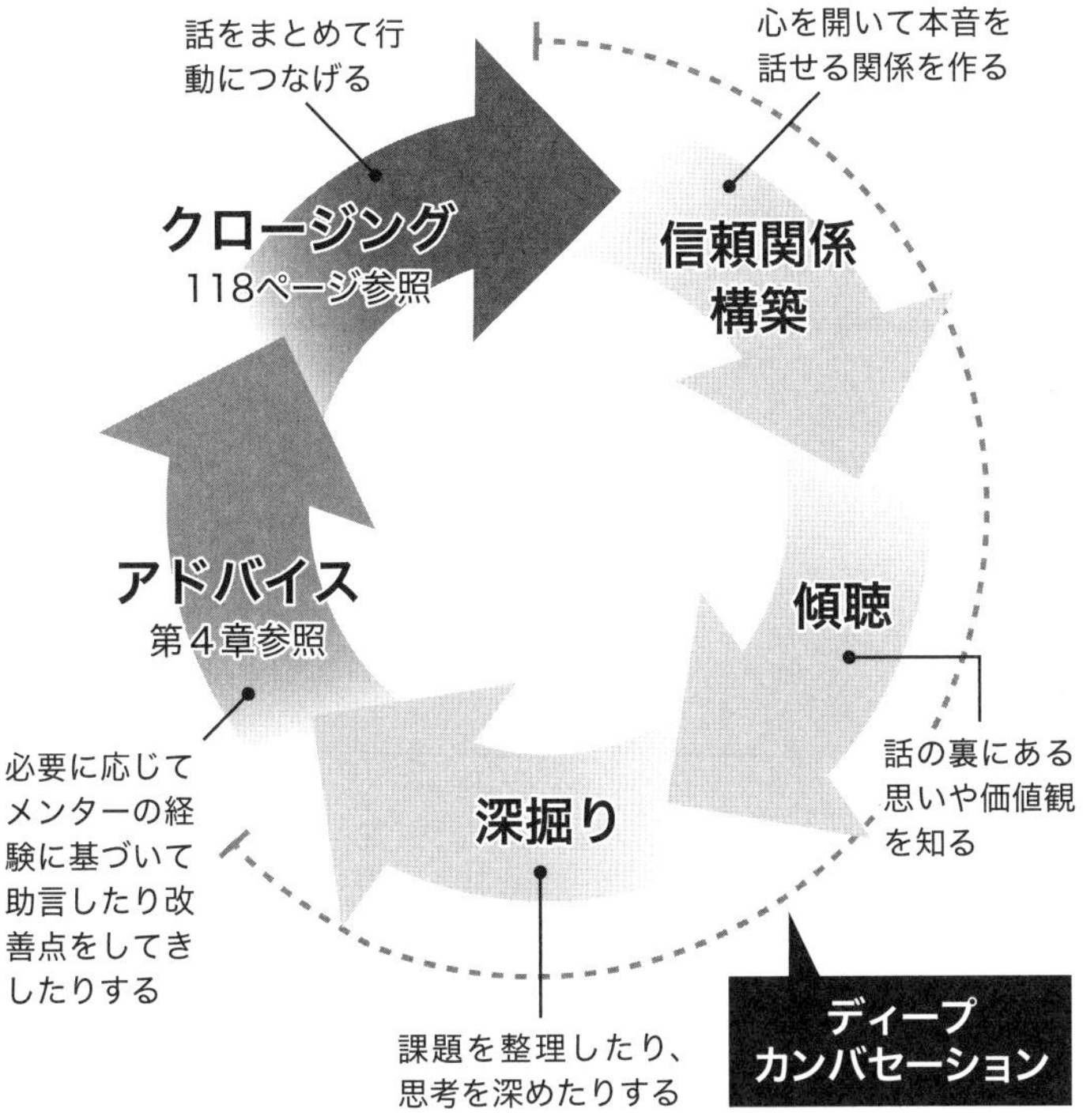
話をまとめて行
動につなげる
心を開いて本音を
話せる関係を作る
クロージング
118ページ参照
信頼関係
構築
アドバイス
第4章参照
傾聴
必要に応じて
メンターの経
験に基づいて
助言したり改
善点をしてき
したりする
深掘り
話の裏にある
思いや価値観
を知る
課題を整理したり、
思考を深めたりする
ディープ
カンバセーション

SECTION 2

ディープカンバセーションのためのスキル①
信頼関係構築

1on1の中でまず何よりも大事なのが、相手と信頼関係を構築することです。自分と相手との間に信頼関係がなければ、そもそも相手が心を開いて本音を話してくれることはありません。信頼関係は、すべての対話の基本です。1on1で「この人なら、腹を割って本音を話してもいい」と思ってもらうには、何が必要でしょうか。

まず、**「否定しない」という姿勢**です。相手と意見が違っていてもいいのです。ただ、否定はしてはいけません。

想像してみてください。自分のことを否定してくる相手を、あなたなら心から信頼できますか？　なかなか難しいはずです。それが人というもの。「相手と意見が違っても、まずは相手の気持ちを受け止める」という姿勢が大切です。同意・同調するというより、「あなたはそう感じるのね」と共感しましょう。

その上で、**イメージや話し方、自己開示、守秘義務という4つが信頼関係構築のポ**

イントになります。

■信頼関係構築のために相手に与える「イメージ」を考えよう

相手から信頼を得るには、話す内容や話し方が大切なのは当然ですが、見た目など相手に与えるイメージも大切です。

たとえば、ボサボサの頭で、ヨレヨレの不潔な服を着ている人に、自分のキャリアについて話をしたいと思いますか?「この人に話しても大丈夫かな」などと不安を感じるのではないでしょうか。

オシャレをしろ、という意味では全くありません。相手に不快感や不安感を与えないために、信頼に足る服装や振る舞いをしましょうという話です。

〈信頼に足る「見た目」チェックリスト〉

- □ 清潔感に欠ける身だしなみをしていませんか?
- □ だらしない格好や立場にふさわしくない格好をしていませんか?

それに、話を聞く態度も大事です。気もそぞろだったり、圧迫感のある態度を取ったりする人に、相手は本音を話したいとは思わないでしょう。

〈不快感や不安感を与えない「態度」チェックリスト〉

□ キョロキョロしたり、ソワソワして鉛筆を回したり、落ち着きがなくなっていませんか？
□ 手元のパソコンやスマホなどに視線が向いていませんか？
□ 腕組みをしたり、頬杖をついたり、眉間にしわを寄せたりしていませんか？

あとは、オンラインの場合、画面越しの自分の見え方や背景にも気をつかう必要があります。

〈「画面越しの見た目」の問題チェックリスト〉

□ 画面の真ん中に顔が明るく映っていますか？（バストアップがおすすめです）
□ 自分の顔が画面から見切れていませんか？

□ 相手から見て正面に顔が向いていますか？（二画面モニターを使っている方はとくに注意）
□ 照明や逆光の具合で暗く映っていませんか？
□ 片づいていない部屋の様子や洗濯物などが映り込み、生活感丸見えの背景になっていませんか？（バーチャル背景を設定するのがおすすめです）

ちなみに、オンラインの画面に表示される名前の設定にも工夫の余地があります。漢字でフルネームを表示するのはもちろん問題ありません。ただ、相手の緊張感を和らげたり親近感をもってもらったりするために、あえてひらがなで表示したり、「こういうふうに呼んでくださいね」という意味であだ名を表示したりするのも1つの方法です。

■信頼関係構築のために「話し方」を考えよう

言うまでもなく、話し方も信頼関係の構築に影響がある要素です。
ここでは、１on１でとくに気をつけたい話し方についてお話しします。

・信頼関係を築くまで話すトーンは相手に合わせる

１ｏｎ１を受ける部下（後輩）がゆっくり落ち着いたトーンで話すタイプなのに、上司（先輩）が最初から自分のペースで早口でしゃべり始めたら、相手はどう感じるでしょうか。圧迫感を感じたり気後れしたりしてしまう可能性があります。最初は、相手に安心感をもってもらうためにも、相手の話すトーンに合わせていきましょう。

ただし、最初から最後まですべて相手に合わせれば良いというわけではありません。たとえば、途中で相手の気分が乗ってきているなと感じたら、少しトーンを上げてどんどん話を深めていく。そのあとに大事な話をしたり、話をまとめたりするときには、ひと呼吸置いてゆっくりと話す。こうしたやり方もあります。

・「Ｄ言葉」はなるべく使わない

「でも」「だって」「ですから」……これが、いわゆる「Ｄ言葉」です。

第一声で反射的にＤ言葉を口にする人がいますが、癖になっているなら気をつけたほうがいいかもしれません。何でもかんでも前向きに変換しましょう、ということではありません。ただ、何か相手が発言したとき、たびたび反射的にＤ言葉で言い返されると、相手は自分が否定されているように感じるものです。

・無意識の偏見に気をつける

たとえば、「社長＝男性」「恋人＝異性」「○○人＝△△に違いない」……といったように、何かの属性に対して私たちはつい無意識に決めつけをしてしまいます。これを「無意識の偏見（アンコンシャス・バイアス）」と呼びます。「学歴、国籍、職業、性別、出身などを語るときに、決めつけた言い方をしていないだろうか」と立ち止まって意識してみましょう。些細なことに見えますが、このような積み重ねで、信頼関係が強固にもなれば、一瞬で崩れたりもします。

❷信頼関係構築のために「自己開示」をしよう

1on1は、相手にありのままの本音を話してもらう場になります。ですから、1on1を実施する側も、まず初めに自己開示をしておきましょう。自分が自己開示をしていないのに、相手にぐいぐい質問をして迫っても、相手だって心を開きづらいはずです。普段から一緒に働いている相手であっても、1on1の冒頭の1、2分で、自己開示をするのがおすすめです。

では、どのように自己開示していけばいいのでしょうか。いくつかのポイントとともに、実際の1on1で使えるひと言について具体的に紹介しましょう。

・いきなり本題に入らない。相手に関心がありそうな話題を振る

1on1を始めたら、いきなり本題に入るのではなく、最初に雑談の時間を作りましょう。ただし、雑談と言っても自分の話したい話をするのではありません。たとえば、「今日はすごく冷えますね」といった当たり障りのない話から始まっても、相手が好きなこと、関心がありそうな話題を振りましょう。雑談も、「相手に関心を示す」ことが1on1の大前提です。

> □「最近どうですか。寒いですけれど、体調を崩していないですか？」
> □「そう言えば、○○さんって野球が好きなんですよね。昨日の試合は見ましたか？」

・自分の話も最後に少し添える

相手に話題を振りつつも、相手と自分との共通点を少し添えてみましょう。そうすると、親近感が増します。ただし、基本は相手に感心を向けて、共通点を1、2個添えるくらいが適当です。

(上司)「今日は寒いですね、そう言えば○○さんはスキーがお好きだと以前言っていましたよね」

(部下)「そうなんです! 実は来月、長野県まで初滑りに行くんです」

NG

「そうなのですね、いいですね。では、そろそろ本題に入りましょうか」

OK

「長野ですか! いいですね! 私も長野が好きなので、○○さんが長野に行ったあと、また感想を聞かせてください。では、そろそろ……」

「１ｏｎ１の冒頭の数分で自己開示する」というのは、慣れていなければなかなか難しいものです。ですから事前に相手と交換しておく「自己紹介シート」（１３２、１３３ページ参照）をもとに、あらかじめ話を準備しておきましょう。

事前に時間があれば、「趣味が釣りって書いてある。私は釣りはしないけれど、釣りのどういうところが楽しいのか今度聞いてみよう」「釣りはしないけれど、アウトドアは好きだから、そういう話を入れてみようかな」などと、相手を知った上で事前にいくつか話のネタを用意できるので安心です。

・立場上言ってはいけないひと言に注意する

相手に心を開いてもらうために、あえて自分の弱さを開示することは大切です。けれども立場上、言ってはいけない発言というものがあります。慎重に発言しましょう。

〈言ってはいけないひと言の例〉

□ 後輩の直属の上司に対する愚痴に同調して「自分もあの人が嫌い」

□ 会社の経営メンバーであるが、会社の批判を公然と行う

□ 1on1を部下や後輩に対して実施する側なのに「人の成長に興味がない」

■信頼関係構築のために「守秘義務」は死守しよう

守秘義務は1on1の大前提です。次の5つのポイントを踏まえて、1on1で知った個人情報を守りましょう。

①1on1の冒頭で相手に明言しておく

たとえば、初めに「ここであなたが話したことは、誰にも言いません。評価にも響きません。私の話もここだけにしておいてください」とはっきり説明しておくと、相手も安心して話をすることができます。

②会社への報告もワンステップ踏む

1on1の内容を会社に報告する必要があるときは、詳細な内容ではなく、「6回の1on1を通じてリーダーシップの話をしました」など話し合ったテーマについて報告しましょう。また、「こういう内容を報告してもいいですか？」などと、相手に確認して合意を取ることも、信頼関係を保つためには必要です。会社に命じられて1on1を行っていたとしても、報告する際には相手に十分配慮しましょう。

③適切な場所を選んで実施する

1on1を実施する場所は、周りに話を聞かれない守秘義務が守られる場所を、お互いが納得して選ぶようにしましょう。カフェや職場のデスクの横など、周りの人に聞かれやすい場所は避けたほうが無難です。

④セキュリティ対策は万全にしておく

関連資料やZoomなどのオンラインミーティングの部屋には、きちんとパスワードをかけるなどして、セキュリティ対策を万全にしておきましょう。

⑤SNSでは「他言無用」と「言動一致」がキーワード

SNSでも「他言無用」が基本です。当たり前ですが、SNSでも相手が話した内容を相手の許可を得ずに発信して他人に漏らすのはご法度です。

また、ＳＮＳで発信する場合は、「言動一致」も基本です。

極端な例で考えてみましょう。たとえば、あなたが会社の後輩と１ｏｎ１を行ったとします。その場では、すごく真摯になって話を聞いたので、相手からは「すごく心が軽くなりました」と感謝されました。けれども、あなたはＳＮＳで「後輩の話を聞くって面倒」と思わずつぶやいてしまいました。後輩が、たまたまその投稿を見つけたとしたら、どう感じるでしょうか。きっとショックを受けて、傷つくはずです。あなたに対する信用も崩れるでしょう。

とにかく守秘義務を守り、１ｏｎ１を受けた相手を傷つけたり誤解を生んだりするような行動は固く慎むことが大前提となります。

SECTION 3

ディープカンバセーションのためのスキル②
傾聴

ディープカンバセーションのスキルの2つ目は、「傾聴」です。

傾聴とは、相手の立場や気持ちに寄り添いながら、相手の話を否定せずに耳を傾けるコミュニケーションスキルのこと。メンタリングはもちろん、カウンセリングやコーチングなどでも用いられています。

相手の本音を引き出すためには傾聴が大事。これは今や定説で、これまでも絶えず言われてきたことです。けれども、傾聴は言うは易し、きちんと実践するにはなかなか難しいスキルなのです。

余談ですが、私がＩＮＳＥＡＤ（欧州経営大学院）に通っていたころ、リーダーシップの第一人者の教授から興味深い話を聞きました。彼が言うには、「リーダーになると人の話を聴けなくなる」そうです。

たとえば、リーダーになったり役職が上がったりすると、仕事の経験値もおのずと上がります。そうすると、「一聞いただけで十わかってしまう」ことが少なくありません。そのため、部下が「お話があります。○○という悩みがあって……」と少し話しかけただけで、「ああ、あなたは△△で困っているんでしょ。だったら、××をやってみれば?」といった具合に対応してしまう、ということです。相手の話をじっくり聞く前に、いろいろと察しがつくがゆえに、先回りして発言してしまうのです。

あるいは単純に、リーダーになったり役職が上がったりすると、多忙になって物理的に相手の話をじっくり聞く時間がなくなるケースも少なくありません。

さらに、人は年を重ねて経験を積むと、自分よりも若い人たちに対して「自分のほうがえらい」「相手のほうが未熟者」といった思い込みをしてしまうことがあります。すると年下の相手を軽んじてしまい、相手の話にじっくりと耳を傾けることができません。

つまり、「聴く」とは、それくらい難しいスキルなのです。しかも、年齢が上がり、役職が上がり、経験を積めば積むほど、相手の話をじっくり聴けなくなり、相手が言わんとすることを正しくキャッチできなくなるだけではなく、信頼関係が築けなくなってしまいます。だからこそ、1on1を実施する上司（先輩）は、とくに意識しながら相手の話を傾聴する必要があるのです。

傾聴には4つのポイントがあります。

①言葉の奥にある「思い」に目を向ける

傾聴するときは、相手の表面的な話だけに意識を向けてはいけません。「この人がこれを話すということは、本当は何が言いたいんだろう？」と、相手の課題の本質に意識を向けましょう。

たとえば、1on1で部下が「実は転職を考えていて」と、こぼしたとします。それを聞いたあなたがすべきことは、「え、転職なんてしないほうがいいよ」などと相手が語る表面的な事象を捉えて、判断を下すことではありません。

まずは、「なぜ今、転職の話をするのか。その裏にどんな思いがあるのか」を考えましょう。

「この人は仕事に対して、何を求めているのだろう？」「今、何かに困っていたり悩んでいたりするのだろうか？」など、相手の言葉の奥にある意図や価値観、願いを探る

■相手の言葉と意図・価値観・願い（課題の本質）

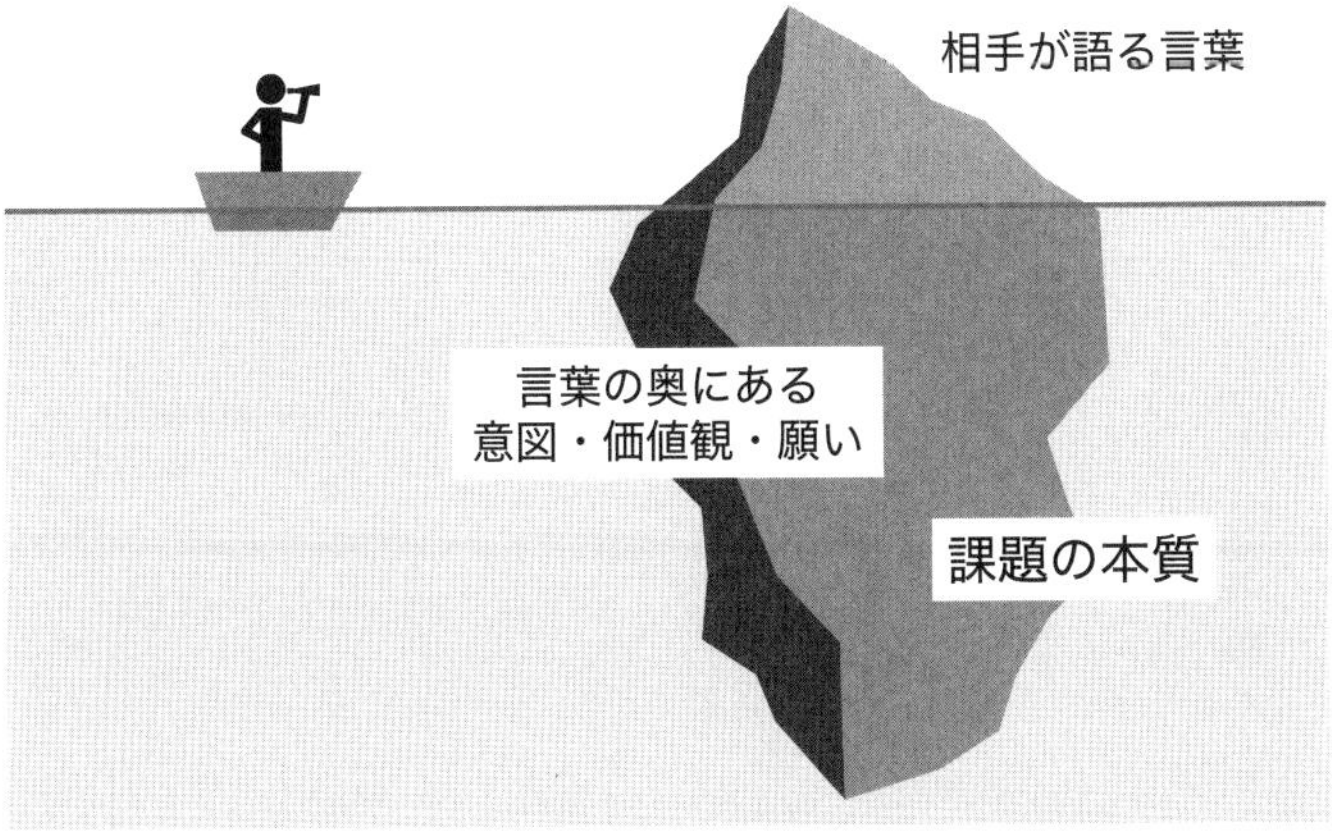

イメージです。

②同調するのではなく共感を示す

相手の真意を考えながらするべきことは、共感を示すことです。ただし、「共感」と「同調」は似て非なるものなので注意が必要です。

たとえば、先ほどのように後輩が上司の愚痴をこぼす例で見てみましょう。

○（後輩）「聞いてくださいよ、うちの課長の○○さんって最悪なんです。昨日もよくわからない指示をするだけで、自分は何も動こうとしないんです」

NG（同調）

（先輩）「わかるわかる、○○課長ってそういうところあるよね」

相手の主張に乗っかり、同じ土俵で調子を合わせてしまう。これが「同調」です。友だち同士なら問題ありませんが、これでは1on1になりません。1on1で話を聞く側は、同じ社内の人に対する批判はもとより、経営や体制の批判についても、立場上「うん」とは言いづらいこともあります。そこで同調をしてしまうと、「先輩の△△さんも同意してくれたんだけれどね」などと社内でおかしな噂になるかもしれませんし、何より課題の解決にはつながりません。

「同調」ではなく、「共感」で答えるようにしましょう。

OK（共感）

「そっか。あなたは、○○課長に不満を感じているんだね。つらかったのですね。不満な気持ちや理由を、もう少し聴かせてくれる？」

相手の気持ちに寄り添いつつ、相手を理解しようする言動は「共感」と言えます。とくに、同意しづらい話を社内でされた場合には、「あなたはそう思っているんですね」などと、少し距離を置いた相づちで共感を示しましょう。

③口を挟まず相づちのバリエーションをもって話を引き出す

人の話を聞きながら、私たちはすぐ口を挟みたくなるし、質問したくなるものです。けれども、その気持ちはとにかくグッと抑えましょう。まずは、相手にいろいろなことを本音ベースで話してもらうのが1on1では大切ですから。そのとき、呼び水となるのが相づちです。

相づちと言っても、人によってわりと癖があり、ワンパターンになりがちなので、意識的にバリエーションを増やしておくと良いでしょう。相づちの例として、次のようなものが挙げられます。

□「ええ……」
□「うんうん」
□「そうなんですね」
□「んー……」「へー……」「あー……」「おー……」（相手に「そうなんだ」という顔で深く頷きながら）
□「なるほど」
□「たしかに」

④怖がらずに間を取る

沈黙の時間が怖くて、間が取れない人も多いものです。ただし、沈黙を恐れて質問攻めにしてしまうと、1on1はうまくいきません。それでは相手は詰問されているように感じてしまいます。このあとに出てくる「リフレーズ（繰り返し）」というスキル（76ページ参照）とも組み合わせながら、「とにかく待つ」ことを意識しましょう。「相手が話し終えたら7秒待つ」がコツです。

たとえば、次のようなイメージです。

（上司）「じゃあ、これからキャリアの話をしていきますが、とくにどんなことについて話したいですか？」

（部下）「そうですね、今のプロジェクトについてですかね……（沈黙）」

「今のプロジェクトの話なのですね、もう少し聴かせていただけますか？」⇧
相手の話のキーワードをリフレーズして、ゆったりとした姿勢で7秒ほど待つ

「……はい。実は、実母の介護で少し疲れていて、今のプロジェクトを進める自信をもてずにいます……」

沈黙があることで、むしろ相手は「ゆっくりと考える時間をもらっている」と無意識に感じて、これまで抑えていた気持ちや本音などが出てくることが多いのです。待っている間は気まずく感じてしまうかもしれません。でも、相手は自分が次に何を話そうか一生懸命考えている場合も多いのです。沈黙の時間を長く感じてはいない可能性が高いので、気にする必要はありません。意識的にゆったり構えましょう。

SECTION 4

ディープカンバセーションのためのスキル③ 深掘り

ディープカンバセーションを構成するスキルの3つ目は、「深掘り」です。

相手の言葉の裏にある意図や、本当の課題に気づくために必要なスキルですが、深掘りは傾聴と密接に関係しています。「傾聴と深掘りは表裏一体」という認識で、ここでは相手の話を深く掘り下げるテクニックを紹介しましょう。

■リフレーズを使って話を深掘りする

話を深めたいとき、とにかく質問するだけで話を深めようとしていませんか。たとえば、育児に悩んでいる部下との1on1の例で見てみましょう。

〈NG例：事象にフォーカスして質問を繰り返していく場合〉

──（上司）「〇〇さん、悩みがあるそうですが、どんなことですか？」

（部下）「育児と仕事の両立がしんどいです。子どものイヤイヤ期が大変で……」

「イヤイヤ期はいつからですか？」

「1歳半からです」

「1日の中でどのくらい癇癪《かんしゃく》があるんですか？」

「今は少し落ち着いてきて、1日あるかないかという感じなんですけれど……」

このように、「子どものイヤイヤ期に悩んでいる」という事象を分解するために、私たちは質問を繰り返しがちです。

「お子さんは何歳ですか？」「いつからイヤイヤ期ですか？」「どんなときになりますか？」「これは試しましたか？」「あれは試しましたか？」……これではまるでお医者さんの問診です。

目的は子どものイヤイヤ期の分析ではありません。相手が今の状況を冷静に俯瞰し、課題へのヒントを得られるようにすることが目的のはずです。

ですから**話を深める大前提は、「いきなり質問」ではなく、「まず傾聴＋リフレーズ」**

が大切です。具体的には、相手が発した言葉のラストの一部分を疑問形でリフレーズする「疑問形リフレーズ」と、「キーワードのリフレーズ」で成り立ちます。

たとえば、先ほどの育児に悩んでいる部下の例で、相手の言葉をリフレーズしてみましょう。

〈OK例：リフレーズで相手の気持ちにフォーカスしていく〉

○「育児と仕事の両立がしんどいです。子どものイヤイヤ期が大変で……」

●「しんどい……（7秒待つ）」⇧「キーワードのリフレーズ」で待つ

○「はい。この間も、保育園のお迎えのとき、まだ遊びたかったと1時間もぐずって、周りの視線が痛かったです」

●「周りの視線が痛かった？」⇧「疑問形リフレーズ」で待つ

○「はい。ダメな親だと思われているんじゃないかって。家に戻ったら涙が出てきました」

●「涙が……」⇧「キーワードのリフレーズ」で待つ

「はい。仕事が終わってヘトヘトで、家でもこの状況で。こんな状況がいつまで続くんだろうと思って」

「そうですよね。『いつまで続くんだろう』って……」⇧「キーワードのリフレーズ」で共感する

見ての通り、上司は部下が語る言葉を繰り返しているだけです。あるいは、相手の言葉をちょっと言い換えたりしながらまとめているだけです。でも、リフレーズによって相手が話しやすくなり、感情も含めて心の奥に溜まっていた話が出てきやすくなるのです。これこそ、まさに話が深まるということではないでしょうか。

ただし、ズレたポイントでリフレーズしないよう注意が必要です。

「聞いてください！　うちの山田部長、だめなんですよ」

NG「山田部長、だめなんだ」

OK「だめだと感じているの……？　もうちょっと聴かせてくれる？」

リフレーズするときは、**相手が語る第三者の事象（この場合は「山田部長がだめ」）ではなく、相手の気持ち（この場合は「だめな人だと捉えていること」）にフォーカス**していきましょう。

■「質問」を使って話を深掘りする

話を深掘りするには、前述のリフレーズに、質問も組み合わせても良いでしょう。

言語化が苦手だったり、論理的に説明するのが苦手だったりする相手の場合、ときに「はい／いいえ」「AかB」で答えられる「クローズドクエスチョン」と呼ばれる質問をすることが有効です。

「昇格試験の結果に思わず涙が出てきました」

「それは、悲しくて出た涙ですか？　悔し涙ですか？」

「悔し涙でしょうか。何て言うか、報われないなって」

「頑張ってきたのに、合格できなかったのが、悔しかったの？」
「そうですね」

オープンクエスチョンは４Ｗ１Ｈで聞く

クローズドクエスチョンの他に、相手に自由に話してもらう「オープンクエスチョン」というものがあります。

それは、「いつ（When）」「どこで（Where）」「誰が（Who）」「何を（What）」「どのように（How）」の「４Ｗ１Ｈ」が基本です。

「なぜ（Why）」という問いかけは、ときに相手を責めているようにも映り、人を思考停止にさせることがあります。たとえば、「どうして失敗したの？」や「何で3年後のキャリアが見えないの？」と言われたら、あなたはどう感じますか。多くの人が責められているように感じるのではないでしょうか。

ですから1on1では、「４Ｗ１Ｈ」で話を掘り下げていきましょう。

理由を尋ねるときは、「なぜ（Why）」を「何を（What）」に置き換えます。

そうすると、相手は自分の思いを言葉にしやすくなります。

NG「どうして仕事がつまらないの？」

OK①「何があれば仕事が楽しくなりそうですか？　何がつまならい要因でしょうか？」

OK②「何があれば、今10感じているつらさが8になりますか？」

質問の応用編①　五感で聞く・感情の動きで聞く

「どんな感覚？」「色で表すと？」「どんな音に聞こえる？」「味に例えるなら？」「そのつらさはヒリヒリする感じ？」「ソワワクする？」「ハラハラする？」……このように五感や感情の動きで表現しながら聞いていくやり方も、言語化が苦手な方や、論理的に説明するのが苦手な方に有効です。

相手が状況や気持ちを思うように言葉にできず迷っているようなら、ぜひ活用してみてください。

「上司から新しいプロジェクトへの打診があったんですが、ちょっと何か引っかかるんですよね……」

「何か引っかかる？　それって、モヤモヤする感じ？」

「うーん、『モヤモヤ』ではないかな。楽しみなのは楽しみなんです」

「じゃあ、ソワソワする感じ？」

「それに近いかも。楽しみだけれど、何か落ち着かない感覚で……」

■質問の応用編②　定量化して聞く

たとえば、「なんとなく」「だいたい」「うっすら」といった曖昧な表現は、人によって認識や感覚が異なります。

けれども、数字に置き換えれば、共通したイメージを相手と共有することができます。相手が定量化して考えられるように質問してみましょう。

具体的には、次のような質問が効果的です。

□「だいたい」というのは、何%くらいですか？
□10段階で言えばどれくらいですか？
□今、登山で言うと何合目ですか？
□今のつらさが「10」だとして、いきなり「5」にするわけにはいかなくても、「7」くらいに下げるには何があったらいいと思いますか？

■質問の応用編③ 立場や時間軸を動かして「違う視点」で聞く

「今の自分」とは違う視点で物事が見えてくると、ハッと気づきがあったり視野が広がったりすることは多いものです。話を多角的に深めるという意味で、1on1では相手の視点を意識的に動かす質問も積極的に取り入れてみましょう。極端な話も含めて、「たとえば……」という話をすることで、思考はずいぶん柔軟になります。

〈例：「立場」を動かした質問〉
□もし、あなたが部長だったら、どのように考えますか？
□たとえば、あなたが上司なら、どういうマネジメントをしますか？

あとは、時空や地理を動かして質問するのも有効です。

〈例：「時空」や「地理」を動かした質問〉
□ 3年前のあなたなら、どうしていたと思いますか？
□ 5年後のあなたから見ると、今の状況はどのように解決できそうですか？
□ この問題は、アメリカではどう対策されていますか？

■質問の応用編④ 自分から見える相手について聞く

「反映のスキル」とも言いますが、上司（先輩）が部下（後輩）の鏡のようになって、「自分から見える相手」について質問してみるのも、話を深める上で有効です。

□ 「心ここに在らず」といった感じに見えます。何か理由があるのですか？
□ この前、すごく大きな賞を取ったと聞きましたが、表情が浮かないように見えます。何か引っかかっていることでもあるのですか？

質問の応用編⑤ 相手の思い込みを指摘する

相手に気づきを与える意味で、相手の思い込みを指摘することも有効です。

たとえば、自分自身に対してネガティブな思い込みがある人に対して、こちらの疑問をズバリぶつけてみてもいいかもしれません。

□ ○○さんは自分のことを能力がないと言いますが、本当にそれは事実なのでしょうか？
□ ○○さんは自信がないと言いますが、自分に対していつも「私はだめだ」というような意識があるように見えます。何か理由があるのですか？

質問の応用編⑥ 制約を外して聞く（魔法の質問）

キャリアの話をする上では、相手に一度、自分の望みや大切な価値観を本音で100％出してもらうようにしましょう。本当の願いや価値観が明確になると「会社を辞めてしまうのではないか」「会社では叶えてあげられない」と心配になる方もいるかもしれません。しかし、大事な価値観を明確にした上で、今の仕事の中でそれをどうやって実現していけるだろうか、会社のビジョンと重なる部分はないだろうか、という対話を行うことが、逆に今の組織の中で力を発揮していけるモチベーションにつながっていくのです。

キャリアに関する話をするとき、さまざまな制約がある中で、私たちはどうしても自分の本心や願望を縮小化しがちです。「これは現実的じゃない」「これはお金がかかる」「小さな子どもがいるからきっと無理」などと、先にできない理由で自分を縛ってしまうと、本音はなかなか出てきません。

だからこそ1on1では、「魔法の質問」と呼んでいる次のフレーズを、早い段階で投げかけてみるといいかもしれません。

□（今ある制約は一旦すべて脇に置いて）もしすべての条件が整うなら、あなたは何をしたいですか？

■質問の応用編⑦　沈黙破りの質問

傾聴では「怖がらずに7秒の間を取る」とも言いましたが、一方で1分や2分も沈黙が続いて、相手が固まってしまっているなと感じたら、たとえば次のようにフォローして、相手が答えやすいようにしてあげてください。

□ ちょっと今の質問がわかりにくかったかな？
□ ちょっと違う角度から質問してみてもいい？
□ 今、頭にどんなことが浮かんでいる？⇧〈NG〉今、何を考えているの？

最後の「今、頭にどんなことが浮かんでいる？」という質問を、私たちは「沈黙破りの質問」と呼んでいます。

ちなみに、同じ趣旨の質問でも「今、何を考えているの？」だと、相手は責められているような気がしてしまうかもしれません。そもそも、うまく考えがまとまらなかったり、うまく言語化できなかったりするからこそ沈黙が続いているわけなので、「今、頭にどんなことが浮かんでいる？」と聞き方を変えてみましょう。

また、「思考」と「体」は連動していて、考えが動くと体も動くと言われています。沈黙を破るなら、「相手の体が少し動いたタイミング」を狙いましょう。

■愚痴や状況説明が続くときは……

1on1では、部下（後輩）が愚痴や状況の説明などを延々と続けるケースがあります。話を聞く側は、基本的に「否定せずに受け止める」ことが前提です。しかし、だからと言って状況説明や愚痴をひたすら聞き続けても話は深まらないし、前向きな方向に進むこともありません。

部下（後輩）が何かしら気づきを得るためにも、相手の話は受け止めつつも、部下（後輩）の言葉の奥にある願いや意図が何なのかを考えながら、上司（先輩）は論点を整理し、ベクトルを部下（後輩）に戻すことが大切です。

これを「核心コントロール」と言います。愚痴や状況説明について深掘りするのではなく、その裏に隠れている課題の本質に目を向けましょう。

具体的には、次のような声かけをすると、話を深めるきっかけになります。

□ あなたのつらかった気持ちはよくわかりました。本当に大変でしたね。それを理解した上で、少し違う角度から聞きます。○○さんは、どういう状況になれば一番幸せなんですか？

□ 今までの話の中で、○○さんは繰り返し「上司は自分たちにもっと興味をもつべき」というような表現を多く使っていましたね。上司とのコミュニケーションが一番の課題ですか？

第4章

1on1が変わる！「アドバイス」

深い1on1を実現する2つのスキル❷

SECTION 1

1on1の中で一番難易度が高い「アドバイス」

アドバイスは、メンタリングをベースとした1on1のスキル中で、一番難易度が高いものです。

そもそも、アドバイスとは、自らの経験を踏まえて相手に助言することです。そのため、無意識のうちに「上から目線」のもの言いになったり、助言のつもりが自慢話や武勇伝なってしまったりすることがよくあるので気をつけたいところです。

その上で、アドバイスには、「伝え方」と「アドバイスすべきこと」という2つの軸で、押さえておきたいポイントがあります。

まずは「伝え方」から説明していきましょう。

伝え方① いきなりアドバイスしない。まず関係の温まりを見計らう

1on1では、いきなりアドバイスから始めることはしません。まずは相手の話をじっくり聞く。これが大前提です。

1on1に限らず、相手との関係性が温まっていない状態でいきなり助言されても、「いきなり何?」と戸惑ったり、「全然刺さらない」としらけたりしますよね。相手はアドバイスを受け止めきれません。それに、ディープカンバセーションを飛ばしてしまうと、そもそも課題の本質に対してアドバイスすることはできません。

たとえば、「今どんなことで悩んでいますか?」と聞いて、相手が「育児と仕事の両立でちょっとモヤモヤしているんです」としか答えていないのに、「シッターを使うべきだよ」「タイムマネジメントはきちんとできている?」などと、上っ面のアドバイスをしてしまうと、1on1はいきなり、とんちんかんな方向に転がり始めます。まずは第3章で説明したディープカンバセーションで話を深め、相手の本当の望みや目的がきちんと見えてきたときに、初めてアドバイスしましょう。

伝え方② アドバイスの前に断りを入れる

壁に色を塗るとき、下地を塗った上から色を重ねると、よりきれいに仕上がるように、何でも下地を整えておくと、そのあとの工程がスムーズですよね。これはアドバイスも同じです。

相手の話をひと通り聞いたあと、「私のときはね」と突然アドバイスするのではなく、ひと言断ってからにしましょう。そうすることで、相手は心の準備ができます。これが狙いです。具体的には次のような断りの声かけです。

□「もしよかったら、私の経験をシェアしてもいいですか？」
□「せっかく1on1を受けてもらっているので、私の経験も少しお伝えさせてください」
□「今のテーマについて、アドバイスしてもいいですか？」

伝え方③ 提案し、相手に選択を委ねる

伝え方②で断りを入れてからアドバイスしたあとは、「こんな考え方もありますが

どうでしょう？」と、相手に感想を聞いてください。
たとえば、次のようなケースを見てみましょう。

〈例：上司との人間関係に悩んでいる後輩との1on1〉

（先輩）「せっかくなので、少し私の経験をお話ししてもいいですか？」
（後輩）「はい」
「私は上司という立場で、部下から『○○』という伝え方をされたとき、相手の意見を受け取りやすかったんです。ですから、○○という伝え方を試してみるといいかもしれません。まあ、これは一例ですが、どうでしょうか？　あなたのケースに、使えそうですか？」

このように、アドバイスしたあとは必ず、最後に相手に反応を聞くようにしましょう。そうすることで相手は、「これは参考になりそう」「これは違う」「これは自分には当てはまらない。でもこんなやり方もあるのか」などと、自分の考えやアイデアを引き出しやすくなります。

もし、相手が「それはちょっと私には当てはまりません」と否定的な発言をしたとしても、「こんなにいいアドバイスをしているのに、どうして受け取らないの？」「素直じゃない」などとは思わないでください。むしろ「教えてくれてありがとう！　どのあたりに違和感があった？」と、掘り下げるきっかけにしてみてください。部下（後輩）が素直に反応してくれるのは、信頼関係があるからこそです。

「伝え方」については、ここまでお話をしてきた通り３つのポイントが軸になります。ここからは、「アドバイスすべきこと」について説明していきましょう。

■アドバイスすべきこと① 知見

知見とは文字の通り、自分や誰かが「見て（経験して）知り得た内容」のことです。アドバイスで使う知見には３つありますが、まず１つ目は「自分の経験そのもの」です。自分が知り得た情報を相手に伝えるという、一番わかりやすく簡単な方法です。

たとえば、仕事と介護の両立で「時間のやりくりがつらい」と悩む後輩との１ｏｎ

1の例で見てみましょう。

知見1:知っている情報を伝える

□「私の父が倒れたときは、介護情報ウェブサイト○○を参考にしました。介護保険の取得やケアマネジャーとの連携がすごく楽になりました。もし良かったら、このウェブサイトを見てみてください」

□「会社に介護の相談窓口があります。相談員に話を聞いてみるのはどうですか?」

□「先日受けた管理職研修の一環で、介護について、こういう情報を聞いたのですが、何かお役に立ちますか?」

2つ目は、「自分の経験から得た教訓」です。成功体験、失敗事例、何でもいいのですが、自分の経験から導かれた教訓を伝えることで、何か相手の役に立つかもしれません。

知見2：自分の経験から得た教訓をアドバイスに利用する

□「私の父が倒れたとき、実はすぐに上司に言えなかったんですよね。でも、その結果、抱え込んでしまい、仕事も滞り、非常につらい思いをしました。この経験から『ライフイベントの悩みがあればすぐに上司と連携すべき』ということを教訓として学びました。まずは上司に相談してみてはいかがですか？」

□「私には介護の経験はないのですが、育児で子どもが入院し、1か月ほど看病しながら仕事をしていた経験があります。誰かのケアと時間のやりくりという意味では、そのときの教訓がもしかすると役に立つかもしれません。たとえば、あらかじめ周りの人たちに状況を伝えておいて、いざとなったらすぐにバックアップできるようフォルダを整理しておきました。それだけでも仕事がずいぶんとしやすくなったんです。参考になりますか？」

もちろん、介護に関する経験がない方もいらっしゃるでしょう。けれども、経験を教訓化していれば、直接介護の経験がなくても相手に的を射たアドバイスをすることは可能です。

あるいは、３つ目の、「他人の経験」を共有するのも１つです。

知見３：他人の経験をアドバイスに利用する
□「私のパートナーの部下の話ですが、その方の親が倒れたとき、○○サービスを利用したことですごく気持ちに余裕ができたそうです。あなたのケースでも何か役に立ちますか？」

ただし、他人の経験を共有するときは、守秘義務の問題もあるので、話題に上った他人が誰なのか特定できるような話は避けましょう。

■アドバイスすべきこと②　理論

自分の経験ではないけれど、たとえば論文や書籍、テレビなどのメディアで発信されている、広く一般的に使える理論や枠組みなどもアドバイスのネタになります。

たとえば、異動してきたばかりの部下が、周りの人たちとうまく関係を築けずに悩んでいるなら、あなたは理論を使って次のようなアドバイスができるかもしれません。

□「少し助言をしてもいいですか？　この前読んだ『ハーバード・ビジネス・レビュー』に書いてあったんですけれど、異動した直後の3か月というのは、3つのことに気をつけるといいらしいですよ。1つ目は……。2つ目は……。3つ目は……だそうです。どういうことか具体的に説明すると……（以下、省略）」

「自分の経験ではないけれど、理論としてこんなことが言われている」と相手に伝えられるなら、良いアドバイスになります。

ただ、論拠は大切です。たとえば、ゴシップ誌や作成者不明のウェブサイトなどに掲載されている情報は、本当に信憑性が高いものかどうか一度調べてみる必要があるかもしれません。

それに、「ワイドショーで言っていたんですけれど」より、「経営学が専門の○○さんが業界紙で寄稿していたんですけれど」のほうが、説得力は増すのではないでしょうか。せっかく理論を話すなら、あなたへの信頼性が高まるように、その論拠や根拠も合わせて伝えましょう。

■アドバイスすべきこと③ 視点

視点についてのアドバイスには、「違う視点の提供」と「思考のクセや考え方に対するフィードバック」の2種類があります。

・違う視点の提供

「違う視点の提供」とは、1on1を受ける部下(後輩)の意見に対して、相手の視野が広がるように、異なる解釈を提示してあげることです。

人は、ともすれば自分の解釈だけを正解として捉えがちです。けれども、違う視点から別の解釈を提示されると、「そういう考え方もあるんだな」と視野が少し広がる可能性があります。

〈例：上司からのフィードバックに落ち込んでいる後輩との1on1〉

（後輩）「先日、上司から『このままだと君の昇格は危ないかもしれない』って、すごくきついフィードバックを受けたんです。私、もうダメかもしれません。こんなことを言われるなんて嫌われているに違いないし、自分の能力も何だか信じられなくなってきました」

（先輩）「そうだったんですね。それはすごくショックでしたね。ちょっとアドバイスしてもいいですか？　私から見ると、上司という立場の人は、期待していない人には、わざわざそんなことを言わないような気がするんですよ。上司はあなたにかなり期待しているように私からは見えます。いかがですか？」

「え、上司が私に期待？　そんなふうに考えたことはありませんでした。そうなんでしょうか」

・思考のクセや考え方に対するフィードバック

誰しもあるものですが、人には「思考のクセ」があります。もしかすると、その思考のクセが、本人の課題や悩みの解決を妨げているのかもしれません。部下(後輩)に対して「考え方のクセが、その人の成長を少し邪魔しているかもしれない」と感じる場合は、フィードバックすることも大事です。

ただし、思考のクセについては、お互いの信頼関係がしっかりと構築できてからにしましょう。さらに、「ポジティブな声がけもセットにする」ことが基本です。

- □「ちょっとアドバイスさせてください。○○さんはいつもすごく一生懸命な反面、もしかしたらすべてを完璧にしなければ、と思いがちなのかもしれませんね。完璧主義を脱皮したら、もっと他者を受け入れられるかもしれません」
- □「少し助言させてください。○○さんは、楽観的でポジティブな思考がすごくいい持ち味だと思っています。一方で、それゆえに少し詰めが甘くなる傾向があるのかもしれませんね。大事な決断をするときだけは、悲観的な思考も大切にしてみてはどうでしょうか?」

■アドバイスをするときの確認事項

ここまで、アドバイスの「伝え方」と「アドバイスすべきこと」について説明してきました。

せっかくのアドバイスも、相手が話す真意を見誤っていたり、捉え違えていたりしたら台なしです。

アドバイスするときに注意しておきたいことを、次の通りまとめました。６つのポイントを踏まえて、本当の意味で「相手の役に立つ」アドバイスをしましょう。

【ポイント①】相手はあなたの「言っている言葉」を理解できていますか？

たとえば、社会人歴が長かったり、同じ会社や業界にどっぷり浸かっていたりすると、気づけば業界用語や横文字のビジネス用語を連発している、ということはよくあります。あなたにとってはごく当たり前に使う言葉かもしれません。でも、相手にとってはどうでしょうか。その場の空気で相手がなんとなく頷いていたとしても、実はその言葉の意味をよくわからないまま話しているケースもあります。「それって何ですか？」と聞きづらい雰囲気なのかもしれません。

いずれにしても、「相手はどこまでの表現ならわかるんだろう？」と考えながら、使う言葉を選んでみてください。

【ポイント②】相手はアドバイスを実行するスキルや知識を備えていますか？

あなたが素晴らしいアドバイスをしたとしても、相手が実行できるスキルや知識を十分もっていなければ、そのアドバイスを活用しづらいでしょう。

有名な話ですが、人が成長するためには、理解しておくべき3つの領域というものがあります。1つ目は「コンフォートゾーン」と言われる心理領域です。たとえば、目をつぶっていても楽々できるような慣れ親しんだ仕事をするとき、私たちには安心感があり、ストレスを感じるようなことはありません。ただ、ストレスがまるでない居心地の良いコンフォートゾーンに居続けても、人は成長できません。

2つ目は、コンフォートゾーンを出た「ストレッチゾーン」と言われる心理領域です。たとえば、仕事で新しいプロジェクトを任されたり、初めてのクライアントと商談したりするとき、私たちは多少の不安やストレスを感じます。一方で、多少気を張らないと達成できない物事が、私たちを成長させてくれるのも事実です。

3つ目は、ストレッチゾーンを出た「パニックゾーン」と言われる心理領域です。ストレスや不安感といった負荷が強い領域で、仕事で言えばスキルや知識が明らかに足りない状態です。そのため、人によっては心身に支障をきたしてしまうおそれもあります。

アドバイスするときも、相手のパニックゾーンに踏み込んでアドバイスしないように気をつける必要があります。たとえば、水に浸かったことがない子どもに対して、「オリンピックの水泳選手がこなす強化メニューをやれ」と言っても、明らかに無理ですよね。まずは、「顔に水をかけてみる」といったことから始め、徐々に水に慣れていくプロセスが欠かせません。

1on1でのアドバイスも同じで、相手のスキルや知識に合わせて難易度を調整していきましょう。

【ポイント③】それは本当に相手が望んでいることですか？

これまで繰り返しお話ししてきた通り、相手が語る言葉そのものよりも、その奥にあるものに意識を向けましょう。

たとえば、1on1で相手から「会社を辞めることも考えています」と相談されたとき、ディープカンバセーションをすることなくアドバイスすると、必ず失敗します。間違っても、相手が語る言葉をそのまま受け取って「そんなにつらいなら、辞めてもいいと思うよ」とすぐにアドバイスをするのは避けましょう。もしかしたら本人は、本当はまだ会社で頑張りたいと思っているかもしれません。不満のやり場に困っているのかもしれません。解決法が見つけられずに苦しんでいるのかもしれません。

1on1では「本当に相手が実現したい状態は何なのか？」を常に意識し、アドバイスする際はとくに注意しましょう。

【ポイント④】相手の置かれた状況に配慮できていますか？

相手が所属する組織や家庭環境、経済力、宗教など、相手が置かれている環境や状況に配慮しましょう。

たとえば、次のように話してしまうと、たとえそれが事実だとしても、相手は受け入れるのが難しくなってしまいます。

○（後輩）「先輩のように出産してもバリバリ働くのが夢です。そのためには、どうすればいいんですか？」

NG

●（先輩）「私の場合は、ベビーシッターのサービスを毎日使っているんです。家事代行も週3回は活用して、掃除も料理も全くしなくて済むようにしています。実家も近いから、いつでも両親に頼れますし、夫も協力的なので、何とかなっているんですよね」

○「……（「とても真似できない…」と思って意気消沈している）」

事実を言ってはいけないというわけではありません。

しかし、相手の状況を配慮せず、自分の状況だけを羅列するのではなく、自分の状況を踏まえ、そこから得たポイントを、相手が受け入れやすい形にブレイクダウン（分解）することが大事です。

OK①

「たとえば、自分にしかできないことと、外注できることを分けて考えてみてはどうですか。私は、料理や掃除を外注することもあります。安価なものもありますし、自治体によっては家事代行サービスの補助制度が充実しています。あなたの状況に合わせて、試しにちょっと検索してみてはどうですか？」

OK②

「私の場合はパートナーが協力的ですが、家事を分担するためにいくつか意識をしている点があります。たとえば、お互いの仕事の予定を○○というアプリで共有して、いつでも確認できるようにしています。どんな予定があるか、お互いに共有しておくと、助け合いやすいですよ」

このように、相手が取り入れやすいよう、アドバイスは段階的に伝えるようにしましょう。

【ポイント⑤】相手の繊細なところに踏み込みすぎていませんか？

イデオロギーや信条、思想などに関わることは、人によって捉え方が違うすごくセンシティブな話です。良かれと思ったアドバイスが、思わぬ方向へ行ってしまうこともあるので、十分に注意しましょう。

たとえば、子どもを「産む」「産まない」、子どもは「1人でいい」「2人以上いたほうがいい」、「政党は○○を応援する」といった話は、非常に繊細で人によって意見が分かれます。

こうしたセンシティブなことを話題にするときは、自分の意見と相手の意見が違っても、相手の考えをまず聞いて受け止めましょう。そして、当然、自分の考えを押しつけてはいけません。

【ポイント⑥】原因ではなく解決法に焦点を当てていますか？

1on1で相手の悩みや課題に向き合うとき、原因にフォーカスしすぎるのではなく、解決法に焦点を当てて向き合うようにしましょう。

たとえば、男性の上司とうまくいかない女性部下がいたとします。話を掘り下げてみると、どうやら父親との関係がうまくいかなかった過去を引きずっているようでした。その場合の声かけについて見てみましょう。

NG

「お父様との過去の関係性について、もう少し話してもらえますか? 具体的にどういうエピソードがつらかったのでしょう?」

OK

「そうしたお父様との過去の関係性については、よくわかりました。では今後、男性の年長者や上司と、より良い距離感を保ちながら、適切な関係性を構築するには、どんなことを意識していけばよいと思いますか?」

あなたも相手も、解決法にフォーカスしながら話し合うことで、1on1はより充実したものになります。

SECTION

2

良いアドバイスをするために まずは自分を振り返ろう

そもそもの話になりますが、キャリアについての1on1とは、部下（後輩）の自己理解を助けて、ありたい未来やキャリアに導く手段でもあります。その過程で、もし何か問題や課題が生じたのであれば、解決の方法をアドバイスすることもあるでしょう。また、悩みなんてない、という人には、より成長していくためのヒントやありたい未来・キャリアをより明確にしたり、自己理解を深める対話をしていきます。

ただし、相手の自己理解を助けるメンター役であるあなた自身が、自分のことを理解していなければ、アドバイスもままなりません。

相手にアドバイスをするからには、まずは自分の棚卸しから始めましょう。実際に1on1に臨む前に、「ライフチャート」「人生の棚卸し・自己理解シート」を使って、ぜひご自身のことやこれまでの経験をしっかりと振り返ってみてください。自分の引き出しを再発見するとともに、その引き出しの中を整理するイメージです。

■人生の棚卸しのための「ライフチャート」

- これまでの人生を棚卸ししてみましょう。
- 良かったこと、つらかったことを上下の波で表します。
- 書き方は、下記の例を参考にしてみてください。

〈例〉

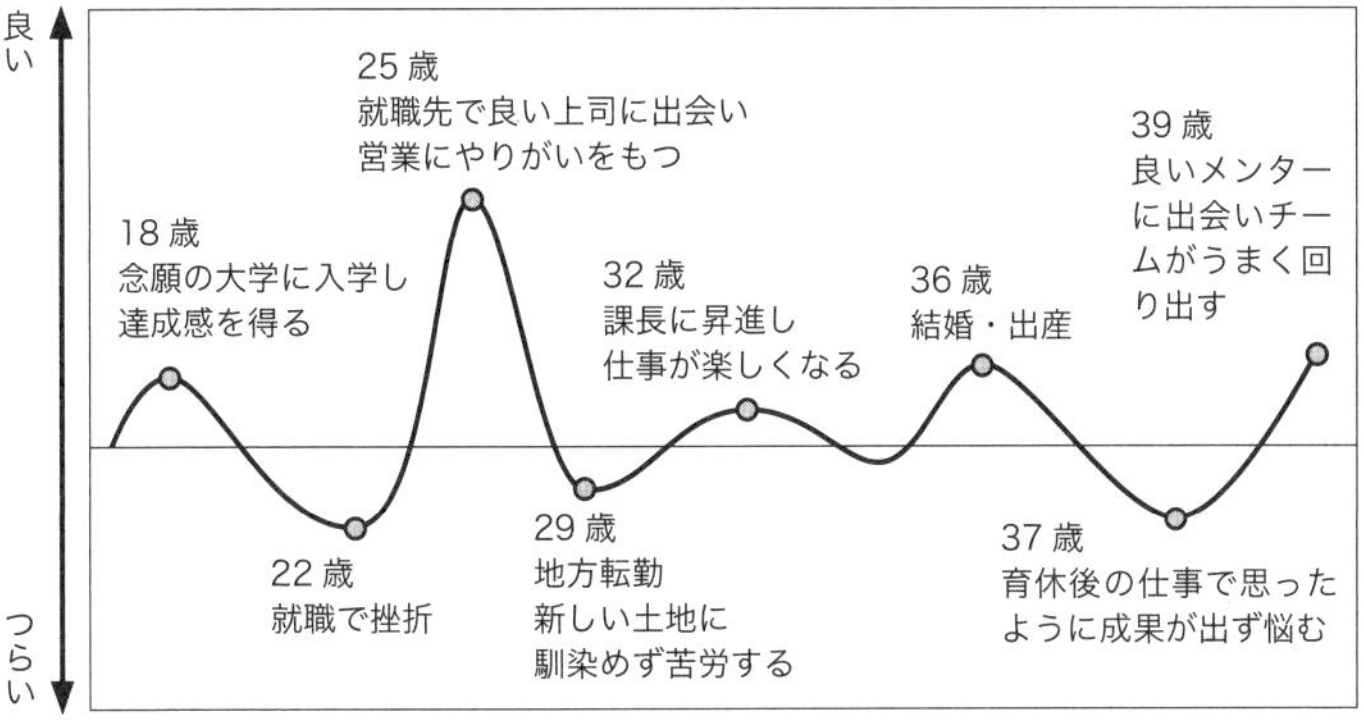

〈あなたのライフチャート〉

ダウンロード可能

■「人生の棚卸し・自己理解シート」の記入例

- ライフチャートを見ながら、キャリア（仕事や私生活など）で印象的だった出来事を書き出しましょう。
- 印象的だった出来事から得た学び・教訓を書き出しましょう。学び・教訓は１つでなくて構いません。

印象的だった出来事	学び・教訓
初めての海外プロジェクト	・異なる文化の人と協力するには○○が大事
介護と仕事の両立	・業務効率化のためにツールを活用する ・ライフイベントをチームメンバーと共有しておく
初めてのリーダー経験	・メンバーとの 1on1 は信頼関係構築の上で重要 ・失敗することで人は成長する
上司とそりが合わなかった	・「こうあるべき」で人を見ない ・合わない人でも、良い面を探すと気持ちが楽になる
地域のボランティア活動	・自分とは異なるいろいろな人が世の中にはいる ・多様な人が協力し合うには、ミッションが重要

ダウンロード可能

SECTION 3

自分の過去の経験を「教訓化」しておく

あなた自身の棚卸しが済んだら、過去の経験は忘れずに「教訓化」しておきましょう。「自分の経験」を、単なる自慢話や武勇伝で終わらせず、相手に役立つアドバイスに昇華させるためです。

実は、自分の経験を教訓化しておくと、あなたが経験したことのない事柄で悩んでいる人に対しても助言がしやすくなる、という効能があるのです。

当たり前ですが、1on1でアドバイスをする立場にあるからといって、あなたが部下（後輩）と同じ悩みをすべて経験しているわけではありません。実際の1on1では、自分が経験したことのないテーマについて相談されるケースは少なくありません。けれども、自分の経験を教訓化できていれば、経験を応用して相手のためになるアドバイスをすることができるのです。

たとえば、育児に悩んでいる部下の1on1に臨む上司がいるとします。その上司には育児の経験がありません。けれども、部下の育成は経験しています。その経験の教訓化ができていれば、次のようなアドバイスができるかもしれません。

□「部下の育成の経験から、人ってこういう声かけをすれば顔が輝くんですよね。もしかしたら、お子さんへの声かけにも使えたりしますか?」
□「私には子どもがいないけれど、時間の制約がある中での仕事の効率化と言えば、○○が役立ちました。もしかすると、これって、あなたにも役に立ちますか?」

このように、自分の経験を自然に応用できています。単に「こういうことがあったな」で終わるのではなく、「こういう経験をして、どういう教訓を得たのか」を考えて、準備しておく。そうすれば、自分では経験したことのない未知の領域であっても、ひるむことなくアドバイスできるのです。

■具体的な経験の活かし方

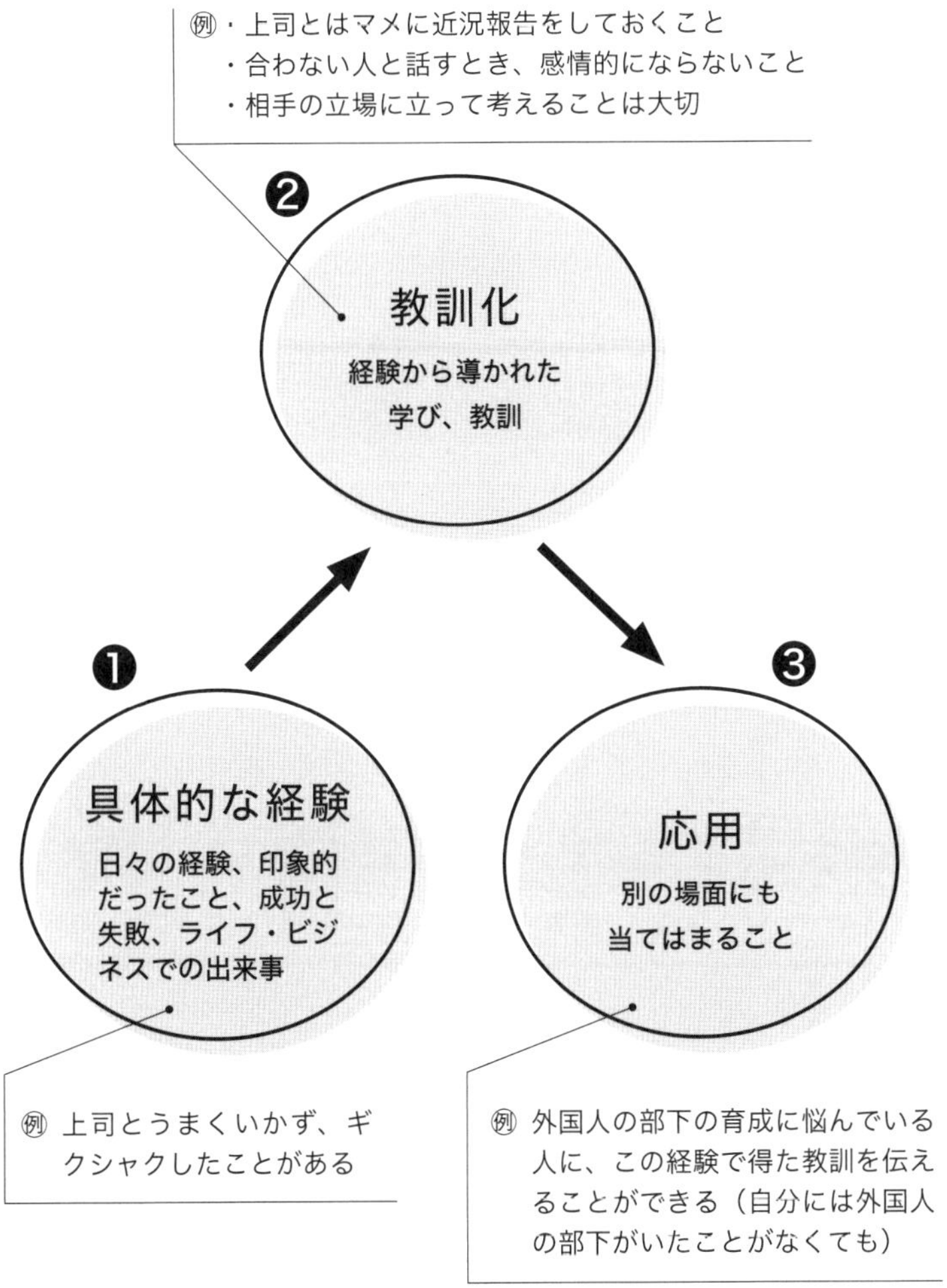
㋫・上司とはマメに近況報告をしておくこと
・合わない人と話すとき、感情的にならないこと
・相手の立場に立って考えることは大切
❷
教訓化
経験から導かれた
学び、教訓
❶
具体的な経験
日々の経験、印象的だったこと、成功と失敗、ライフ・ビジネスでの出来事
❸
応用
別の場面にも
当てはまること
㋫ 上司とうまくいかず、ギクシャクしたことがある
㋫ 外国人の部下の育成に悩んでいる人に、この経験で得た教訓を伝えることができる（自分には外国人の部下がいたことがなくても）

SECTION 4

「クロージング」を忘れずに

終わりの時間が近づいてきたら、しっかりとクロージングを行います。

クロージングは、1on1のセッションの最後に話を締めるために行うものです。

こう言うと、「なんだ、話を簡単にまとめればいいんでしょ」と軽く考える方がもしかしたらいらっしゃるかもしれません。けれども実は、クロージングの質で、1on1を受けた部下（後輩）の変化は大きく左右されるので、意外と気が抜けません。

ここでは、クロージングの具体的なステップとポイントを紹介するので、ぜひ参考にしてみてください。

■話した内容のポイントを絞って伝え、気づきを尋ねる

60分間の1on1なら10分前くらいに、30分間なら終了の7、8分前くらいに「そろそろ時間なのでまとめに入っていきますね」「今日の話を整理していきますね」など

とクロージングを始めましょう。

次に、「どういう話から１ｏｎ１が始まったのか」「話の途中でどういう気づきがあったのか」「現時点でどういう話に着地したのか」といった3点くらいをまとめて伝えしましょう。その後、「ここまで話してみていかがでしたか？」「ここまで話してみて、何か気づきはありましたか？」などと、必ず相手に話を振ってください。これをするかしないかで、１ｏｎ１を実施した時間に対する満足度がまるで違ってきます。

1．どういう話から1ｏｎ1が始まった？（最初）
例：「今日は人事として3年後のキャリアを明確にしたいというテーマからスタートしましたね」
⬅
2．途中で気づいたポイントやタイミングは？（途中）
例：「話すうちに、人の成長に寄り添う、ということがあなたの大事なキーワードだということに気づきましたね」

3. 結果的にどういう話に着地したかを示し、感想を尋ねる（最後）

例：「そして、まずは人事の中でも、人材育成の勉強会に出てみよう、という話で今日は終わりました。ここまで話してみて、どうでしたか？」

■労う・ほめる・鼓舞する

最後に相手の良いところを言葉にして存分に労ったり、ほめたり、鼓舞したりして1on1を終えましょう。

（部下）「先が見えずモヤモヤしていましたが、話せて良かったです。話していて改めて気づいたんですが、私はやっぱり人事の道を極めていきたいです」

（上司）「今日は本音を話してくれてありがとう。誰もがキャリアに悩むことはあるし、私もそうだった。でも人の成長に寄り添う○○さんの、真摯な姿に感銘を受けました。あなたはきっと、素晴らしい人事のプロに成長していくと確信しています」

1on1で1時間自分に向き合ってくれた人が、話の最後に、「あなたは素晴らしい」「すごく一生懸命だ」などと力強く言ってくれたなら、どれだけ心強いことか。それだけで少し報われたように感じたり、元気や勇気が湧いたりしてくる人は多いものなのです。

ですから、間違っても時間ぎりぎりまで話して、残り数分で「今日はそろそろ終わりね。じゃあ、また来月!」などと終わることがないようにしましょう。クロージングを軽んじてはいけません。

第5章

実際に部下(後輩)と
1on1をしてみよう〈基礎編〉

SECTION 1

ゴールは「ワーク」「ライフ」「セルフ」の3つの重なりを大切に

■まず、大きなゴールを設定する

「1on1のゴール設定がなかなかうまくいきません」。私たちが運営しているキャリアメンターのスクールでも、駆け出しのメンターの中には、こう悩む方がいらっしゃいます。

まず大切なのは、「大きなゴールを最初に握る」ということです。何のために1on1を必要としているのか。個人として、チームとして、組織として、なぜ必要なのか。ここをお互いに理解して、ゴールを設定しておくことを最優先に考えましょう。

たとえば、「3年後にリーダーになるためのリーダーシップ形成」というテーマで、1on1を行うとします。このときの大きなゴールは、「3年後にリーダーになるために必要な能力、資質を磨く」ことです。

ただし、この大きなゴールをもとに相手と方向性を決めるときは、**「ワーク（仕事・**

■ 1on1のゴール設定

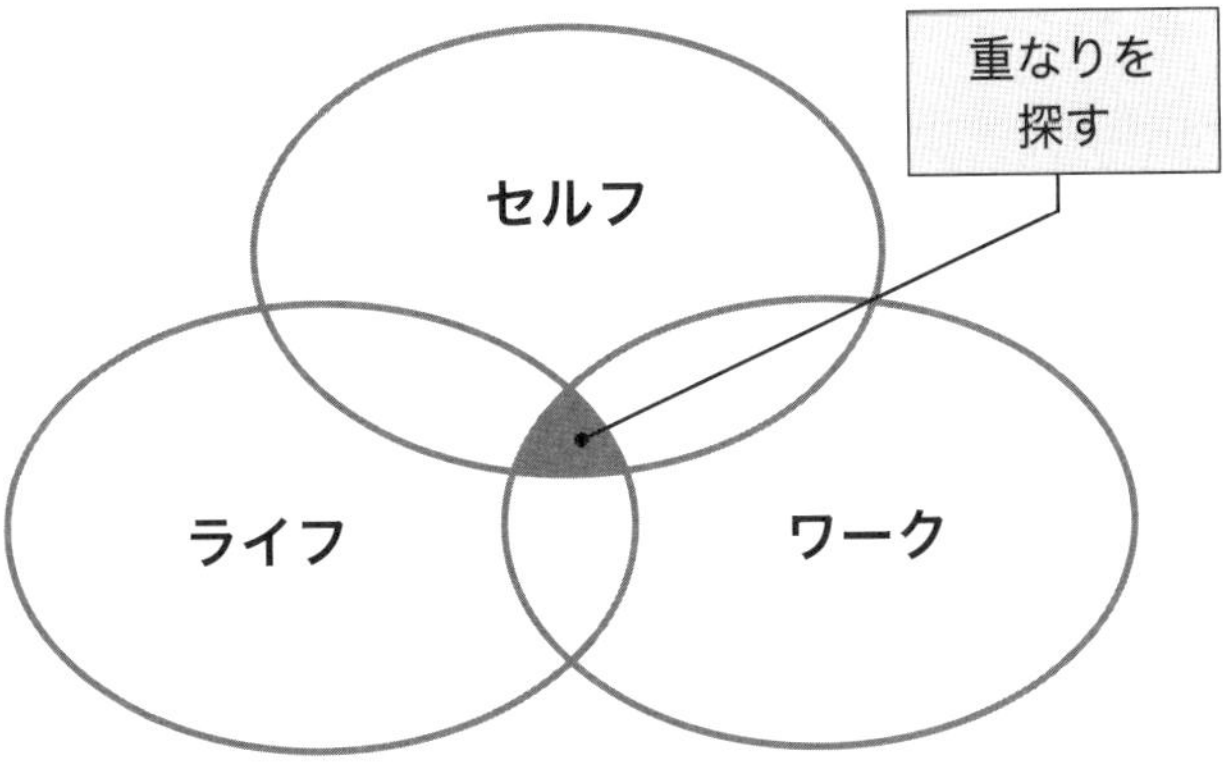

タスク）」「ライフ（ライフイベント・他者との関係性・役割など）」「セルフ（自分一人の時間・個としてありたい姿）」の3つが重なる表現に落とし込みましょう。

キャリアとは、プライベートも含めたその人の生き方そのものです。

ですからゴールは、ただ業務・役職だけにフォーカスするのではなく、相手が大事にしているものと重なるように設定し直しましょう。

たとえば、**「3年後に昇進する」というゴールと、「3年後、自分も部下も、ワー**

クライフバランスを充実させていけるような、生産性が高く、メリハリのあるチームを作れるリーダーになる」というゴールでは、対話の方向性に大きな違いが生まれます。

ですから大きなゴールは、相手のモチベーションが高まるように、「ワーク」「ライフ」「セルフ」を大切にし、それらの3つが重なる核となる部分に設定しましょう。

ちなみに、相手が大事にしている価値観を事前に共有しておくと、初回の1on1が非常にスムーズです。第4章で紹介した「人生の棚卸し・自己理解シート」（114ページ参照）を、部下や後輩など1on1の相手にも活用してもらい、できれば一部でもかまわないので、事前に記入してもらって共有しておきましょう。

また、大きなゴールは、相手の状況や成長に伴って変化する可能性があります。その都度確認し、必要があれば柔軟に話し合いましょう。

■大きなゴールに紐づく小さなゴールを各回ごとに設定する

さて、部下（後輩）のモチベーションが上がる大きなゴールを設定し、相手と共有できたら、次は**「今日はどのように時間を使いたいですか？」**と確認して、１on１**各回の小さなゴールを設定**しましょう。

大きなゴールだけではかなり抽象度が高く、かつ壮大であり、具体的な話を深めていくのはなかなか難しいはずです。

たとえば、「3年後にリーダーになって、自分も部下も、ワークライフバランスを充実させていけるような、生産性が高く、メリハリのあるチームを作れるリーダーになる」という大きなゴールがあるなら、それに紐づいて今回話したいことや、１on１後にどんな状況になっていたいかを話してみましょう。

SECTION 2

1on1を始める前に終えておきたい準備

1on1を始めるにあたって、準備は欠かせません。ここまで説明してきたことではありますが、一度、全体の流れを確認し、準備を整えましょう。

■メンタリングスキルのおさらいをする

1on1に必要なメンタリングスキルは、大きく分けると「ディープカンバセーション」「アドバイス」「クロージング」の3つです。第3章と第4章の内容を改めてしっかりおさらいしておきましょう。

また、意味のある1on1にするために、メンタリングスキルは必須です。できれば、部下（後輩）の1on1を実施する前に、あなた自身がメンタリングを受けておくと、なお良いでしょう。

■人生の棚卸しと過去の経験の「教訓化」を済ませる

1on1において、経験のシェアリングやアドバイスは欠かせません。ただし、115ページで解説したように、自慢話や武勇伝に終始したり、だらだらとしたポイントがわかりづらい話で時間を使ったりしないように、あなた自身の経験や知識は教訓化し、整理しておきましょう。

また、相手が大事にしている価値観を事前に整理してもらうと、初回の1on1が非常にスムーズです。相手にも「人生の棚卸し・自己理解シート」(114ページ参照)などを活用してもらい、経験や価値観の棚卸しや整理を事前にしておいてもらうと良いでしょう。その際は、何のためにやるのか、目的についても相手にきちんと説明しましょう。

■時間や頻度、進め方を確認する

目的や組織によって1on1の期間や頻度は異なるので、スケジュールや終了月も確認しておきましょう。

さらに、日程調整は誰がするのか、対面なのかオンラインなのか、場所はどうするのか、オンラインなら誰が会議用のＵＲＬを発行するのか、実施後の報告はどういう形式でどのように提出するのか。そうした細々とした進め方の部分は、あらかじめきちんと決めておきましょう。マニュアルにまとめておくと便利です。

■自己紹介シートを交換する

限りある貴重な時間を、お互いの自己紹介で長々と使ってしまうのはもったいないですよね。できれば、１３２、１３３ページのような自己紹介シートを事前に準備して、お互いに交換しておきましょう。こうすることで、１ｏｎ１の時間を本質的な対話に使うことができます。

これは普段、業務で関わりのない場合だけでなく、日常的によく会話をする間柄であっても、改めてお互いを知るために活用してみてください。

■できればキックオフミーティングを実施する

１ｏｎ１を実施する上司（先輩）はもとより、１ｏｎ１を受ける部下（後輩）にもやはり心構えは必要です。自分に向き合うための貴重な時間であるにもかかわらず、受け身の姿勢で、ただぼんやり座っているだけでは１ｏｎ１を行う意味がありません。お互いが「真剣にキャリアについて考える時間にしよう」という姿勢になることが大切です。

ですから、部下（後輩）に対して、「自分のために１ｏｎ１をどう活用するか」「上司や先輩と対話する時間を、キャリアにどう活用すればいいのか」といったことを説明する場、すなわちキックオフミーティングを、できれば事前に設けましょう。

■1on1を受ける側の自己紹介シートの例

自己紹介シート　（メンター・メンティ）

氏名 田中　花子　フリガナ タナカ ハナコ

株式会社△△社（XXXX年～）

- 学生時代から人材育成に関心があり、学生時代はアルバイトで、塾の講師もしていました。
- 大学卒業後、企業研修を提供するこの会社に就職。
- 現在は研修コンテンツ開発チームで、主にビジネススキル研修のコンテンツ作成に携わっています。
- 後輩のOJT担当として、後輩の育成にもチャレンジしています。

履歴書のように職歴を並べるだけではなく何に興味があるのか、現在どんな職務を担当しているかなどを書くと◎

□ 趣味・好きなことなど

- 海外ドラマが好きです。
- 北海道出身で、スキーとスノーボードが得意です。
- 4つ上の姉も東京で働いていて、とても仲が良いので、週末はお互いの家にそれぞれの友人を招いてホームパーティを開催することもあります。

プライベートやライフイベントの話も、差し支えのない範囲で入れ込むと、お互いの話が膨らみます

□ メッセージ

就職して数年が経ち、少しずつ仕事に慣れてきました。一方で、自分のキャリアについてあまり考える機会がなかったので、メンターの方との対話を通じて、自分の将来についてしっかり考えたいです。緊張しやすいので、うまく話せないかもしれませんが、とても楽しみにしています。

メンターへ、メッセージを添えておきましょう。どのようなことを期待しているのかなどを書くと◎

ダウンロード可能

■１ｏｎ１を行う側の自己紹介シートの例

自己紹介シート　（メンター・メンティ）

氏名　山田　太郎　フリガナ　ヤマダ タロウ

○○株式会社（XXXX～XXXX年）

- 食品メーカーで営業としてキャリアをスタート。3年目に仙台支店に転勤し、新規顧客開拓に従事。
- 営業課長としてチームをリード。初めてのマネジメントに苦戦しつつ、リーダーとしての醍醐味も学ぶ。

株式会社△△（XXXX年～）

- 研修会社に転職し、法人営業にキャリアチェンジ。
- 同時に、営業人材育成の研修講師としても登壇。「営業×人材育成」をテーマに、営業で活躍できる人を育てたいというミッションを掲げる。
- 現在は部長として部下の育成にも力を入れながら、ボランティアとして大学生のキャリア相談にも乗っています。

履歴書のように職歴を並べるだけではなく初めての経験や苦労/成功も交えつつ、それぞれの経験で何を学んだか、どういうことが生きがいなのか、といったことにも触れると◎

□ 趣味・好きなことなど

- 日本各地の美味しいもの巡りが大好きで、特に地酒が好きです。キャンプとバーベキューにも凝っています。
- 小学生の娘と妻と犬と暮らしています。料理が得意で、娘のお弁当作りと朝食作りも私の担当です。

プライベートやライフイベントの話も、差し支えのない範囲で入れ込むと、お互いの話が膨らみます

□ メッセージ

- 初めてメンターになるので、私自身もドキドキしていますが、一緒に楽しみながら、メンティさんのキャリアに伴走したいと思います。
- 私自身もこれまで、たくさんの失敗や迷いがありました。そのような経験が少しでも役に立てばうれしいです。

メンターはメンティへ、メッセージを添えておきましょう「自分はすごい！」というアピールではなく、等身大の言葉で語りかけると◎

SECTION 3

1on1の流れを押さえよう

では、いよいよ、実際に1on1をする際の流れを確認していきましょう。ここでは、「1on1の機会が複数回あるケース」と「1on1の機会が1回きりのケース」の流れについていてそれぞれ説明していきます。

ただし、**どちらの場合も基本的な流れは①オープニング、②ボディ、③クロージングという3ステップ**です。

■1on1の機会が複数回あるケースの初回の進め方

①オープニング（全体が60分なら最初の10分ほど）

〈アイスブレイク〉

1on1が始まったからと言って、いきなり本題に入るわけではありません。とくに初回は、お互いをよく知るために時間を使いましょう。

まずは、日常の出来事や人柄が伝わるような雑談をしながら、その場の緊張をほぐしていきます。といっても、あなたが話したい話題ではなく、あくまでも相手の関心がありそうなテーマを相手に振りましょう。

たとえば、相手が犬好きという情報を、事前に知っていたとします。その場合は、「どんな犬を飼っているんですか？」「いつから飼っていらっしゃるのですか？」などと、まずは相手に関心を寄せましょう。そして、「私は犬は飼っていないんですけれど、猫は飼っていたんです。家にペットがいるっていいですよね」などと、何かしら自分との共通点を加えてみてください。相手との間に共感ポイントが生まれることで、一気に信頼関係が構築しやすくなります。

〈お互いの自己紹介〉

できれば事前に、お互いの自己紹介シート（１３２、１３３ページ参照）を交換しておきましょう。そして、相手があなたの自己紹介シートをすでに見ている前提で、経歴以外の自己紹介をします。ここで「すごい人」感を押し出すと、相手が話しづらくなります。失敗談なども踏まえて、人間味のある話で自己開示をしていきましょう。

たとえば、「私の自己紹介シートを見てもらったと思うけど、これまでずっと営業畑でした。セールスについては何でも聞いてください。ただ、うまくいったことばかりじゃなくて、失敗もいろいろありました。苦労もそれなりにしてきたので、何でも聞いてね」というように話すと良いでしょう。

あなたの自己紹介が済んだら、「事前に自己紹介シートは見ていますが、ぜひ改めて簡単に自己紹介をしてください」と相手に振りましょう。この時間では、とくに趣味やプライベートなどを通して、相手の性格が透けて見えるようなことを聞いてみてください。もともと知っている関係、上司・部下のような間柄であっても、改めて自己紹介をして、お互いを多面的に知るようにしましょう。

②ボディ（全体が60分なら30〜40分ほど）

〈進め方の説明〉

１on１の目的や流れについて、次のように改めて簡単に伝えましょう。

「１ｏｎ１は、あなたのキャリアについてしっかり話す場であり、あなたのための時間です」（上司・部下であれば「普段の進捗会議とは別の目的」であることを伝え、モードを切り換える）

⬅

「ここは、あなたが思ったことを素直に出していく場です。まとまらなくても、大丈夫ですよ」

⬅

「必要に応じて、私の経験も共有しますね」

そして、１ｏｎ１全体の大きなゴールを決めていきましょう。ゴールの具体的な設定の仕方は、124ページを参考に、次のような質問をしてみるといいでしょう。

□「全○回の１ｏｎ１がすべて終わるころには、どうなっていたいですか？」
□「１ｏｎ１を通して、どんなキャリアを実現したいですか？」

〈目標設定〉

大きなゴールを決めて共有したあとは、部下（後輩）の現状の話を傾聴し、小さなゴールとなる具体的な目標設定をしていきます。

初回では、このフェーズにしっかりと時間をかけて、相手の思いや価値観、未来のビジョンを話してみましょう。

□「まず、現状について教えてください」
□「現状の中で、何を変えていきたいですか？　あるいは、どのような課題を解決したいですか？」
□「（とくに課題がない人に対して）この機会を通じて、自分について深めたいことや言語化したいことは何ですか？」
□「未来のありたい姿について聞かせてください」

部下（後輩）の現状の話を傾聴し、深掘りをしたら、次回以降の進め方（小さなゴール）を決めていきましょう。

「次回の1on1では、一旦○○を目標に話をしていきましょう」
⬇
「ただし、成長に伴って目標も変化するものです。また新たな目標が見つかったら、その都度柔軟に考えましょう」
⬇
「毎回1on1では、大きなゴールに基づいた話をしつつ、日々起きる課題やそのときどきで取り上げたいことを話していただいても構いません」

③クロージング(全体が60分なら最後の10~15分ほど)

残り時間が10~15分になったら、クロージングを行います。クロージングの時間がなくなってしまい、バタバタと終わらせてしまうことのないよう、残り時間を意識しながらクロージングのタイミングを見計らいましょう。

【まとめる】

「今日は○○がテーマで、××という気づきがあり、今は△△という話になりました」

↓

【感想を聞く】

「今日の1on1で、どんな気づきがありましたか？」

↓

【宿題を出す（任意。出す場合は、負担にならず、ワクワクすることを設定する）】

「次回までに○○について考えてみてください。（例：自分の長所を10個書き出してくる、ありたい未来のキーワードを出してくるなど）」

↓

【ポジティブなフィードバックをする（労いや勇気づけなど）】

「○○さんの○○なところがとても素敵だと感じました」

「○○さんは○○について本当によく頑張っていますよね」

↓

【必要があれば次回の日程調整をする】
「では、次回は○月○日○時から行いましょう」

■２回目以降の進め方

①オープニング（全体が60分なら最初の10分ほど）

１回目では、お互いのことを知るために時間を割きましたが、２回目以降は本題について会話する時間を重視します。そのため、オープニングは「アイスブレイク」のみを10分ほどで行います。

〈アイスブレイク〉

アイスブレイクに時間を使わずに、「２回目以降はすぐに本題に入ればいいのではないか」と思われる方もいるかもしれませんが、月に１度といった頻度で行う場合はとくに、場を温めることは欠かせません。

短時間でも、アイスブレイクはしっかり行いましょう。

次のように、前回の１ｏｎ１に関連する内容を話題にするのがおすすめです。

「前回からどう過ごしていましたか？（前回からの振り返り）」
「宿題をやってみてどうでしたか？　何か気づきはありましたか？」

②ボディ（全体が60分なら40分ほど）

〈発散〉

アイスブレイクが済んだら、１ｏｎ１の本題に入ります。アイスブレイクでした話の続きでもいいですし、大きなゴールを意識した話を相手に自由に発散してもらうのもいいでしょう。

□「今日はどんなことを話したいですか？」
□「（雑談の内容が本題に近い場合）このまま今のテーマについて話してもいいし、もし何か違うテーマがあるのなら、そちらについて話してもらうのでも構いません」

□「もしかして、こういうことが本当の課題ですか？」（アイスブレイクの話を傾聴しながら、話を整理して提示）

傾聴や深掘りのスキルについては、第3章を参考にしながらスキルアップしていってください。ちなみに、ここでは1on1の現場ですぐに使える質問を集めてみました。相手への質問に困ったら、参考にしてみてください。ただし、74ページでも説明したように、質問攻めはNGです。リフレーズと組み合わせることを忘れないようにしましょう。

【話を深掘りする質問】

□ もう少し聞かせてもらってもいいですか？
□ たとえばどういうことですか？　具体的に言うと？
□ 何が問題（壁）だと感じていますか？
□ 何があなたをそうさせていますか？
□ ◯◯について、あなたはどのように理解（感じて）いますか？

□ もし、あらゆる障壁がなかったとしたらどうしたいですか？
□ 何が最適（理想的）だと思っていますか？
□ 他の人からは、どのように見えていると思いますか？
□ もっと探求したいことは何ですか？
□ 今、あなたの頭には何が浮かんでいますか？
□ もう少し付け足すとしたらどうですか？
□ このように考えるきっかけが何かあったのでしょうか？
□ どのような経験から、そのように思われるのですか？
□ 何があなたを引きとどめていますか？
□ 一番心配なことは何ですか？
□ あなたの表情が浮かないように見えるのは、何か理由があるのですか？
□ 10段階で言えばどれくらいですか？

【価値観を探る質問】

□ 今までに大きな影響を受けた人や言葉、映画、本は何ですか？　どのような影響を受けましたか？　それによってあなたの人生や考え方はどう変わりましたか？

□話すことの多い（気を許せる）知り合い５人を思い浮かべてください。その人からどんなことを学んでいますか？　どんな影響を受けていますか？

□あなたが人生で一番努力したことは何ですか？　もし、それをもう一度やるとしたら、どのような工夫を加えますか？

□今から10年後（３年後、５年後）、どうなっていると思いますか？　どうなっていたいですか？

【視点を変える質問】

□もう一度やり直せるとしたら、どうしますか？

□もし、あなたが○○さんの立場なら、どのように見えますか？　考えますか？　行動しますか？

□これを進めたとき、行き着く先は何ですか？

□それを達成できたときに得られるものは何ですか？

□何をもって達成したと判断できそうですか？
□もし、同じような状況になったら、どうしますか？
□もし、あなたが上司や経営者の立場なら、どう感じるでしょう？
□制約がないとしたら何をしたいですか？
□5年後のあなたから見ると、今の状況はどのように解決できそうですか？

〈アドバイス〉

発散で出てきたテーマについて話を深掘りし、整理し、課題を特定します。その課題に対して、相手の役に立ちそうな、あなた自身の経験や教訓があれば共有し、アドバイスをしましょう。その上で、相手にアドバイスに対する感想や気づきについて聞いてみましょう。

□「今のアドバイスについて、何か役に立ちそうな部分はありますか？」
□「こんな意見もありますが、どうですか？」

■複数回セッションの組み立て方（例）

初回	・信頼関係構築 ・1on1 の意味、時間の使い方を双方で確認 ・現状の整理 ・全体のゴール設定 ・セッションの振り返り ・次回までの宿題
2回目	・導入（宿題・振り返り） ・設定したゴール・トピックに関して対話・アドバイス（全体ゴールに紐づいていれば毎回話題を設定しても OK） ・セッションの振り返り ・次回までの宿題
中間	・これまでの成長・進捗確認 ・残りの時間の使い方をチューニング ・新しく上がってきた課題や目標、話したいことの確認 ※6回以上セッションがある場合は、3回目くらいで行う（5回以下の場合は不要）
最終回の1回前	・これまでの成長・進捗確認 ・最終回までの時間の使い方をチューニング ・設定したゴール・トピックに関して対話・アドバイス ・振り返りの記入 ・次回までの宿題
最終回 前半	・伴走してきた道の振り返り ・成長・変化の言語化
最終回 後半	・最終回だからこそ話したいこと、言い残したこと ・ポジティブフィードバック ・自走するためのアクションプラン

③クロージング（全体が60分なら最後の10分ほど）

初回のクロージングと流れは同じです。

セッションをまとめて、相手から感想を聞きます。相手の様子を見て、必要であれば宿題を出し、労いや勇気づけなどを行い、必要であれば次回の日程調整を行いましょう。

最終回のセッションであれば、これまでの１ｏｎ１全体のまとめを行い、相手の成長や変化を言葉にしてあげてください。そして、これからも応援していると明確に伝えましょう。もし、人事部等への報告内容について、この場ですぐ伝えられそうであれば、その内容に問題がないか相手に確認を取りましょう。最終回後に報告内容をまとめたい場合は、後日確認をとるようにしてください。

■面談が1回きりのケース

１ｏｎ１が１回きりの場合も、流れ自体は「面談が複数回あるケース」と変わりありません。

ただし、１ｏｎ１の実施時間が60分なら、オープニングを10分、15分ほどでまとめましょう。その分、ボディに35～40分ほどじっくりと時間をかけながら傾聴と深掘りをして、必要に応じてアドバイスを行ってください。

クロージングは、「面談が複数回あるケース」と変わらず、最後の10分くらいを充てるイメージです。

SECTION 4

こんな場合はどうすればいい？1on1でよくある不安

ここでは、1on1を行う際に、上司（先輩）側が抱えがちな不安とその解決法について説明していきます。

■キャリアの話をするのが気恥ずかしい

キャリア1on1は、「あなたは将来どうなりたいの？」「どういうふうに生きていきたいの？」「ライフとどう両立したいの？」といったキャリア全般の話をする場です。こうした会話は普段、ビジネスの現場ではほとんどしません。「先週の営業の数字を教えて」「今月は○パーセント達成です」といった業務そのものの会話に慣れていると、「3年後はどうなりたい？」といった会話に戸惑ったり、何となく恥ずかしく感じたりするかもしれません。

それに、業務や仕事をこなすとき、私たちには素早く合理的に行うビジネスのスイッチのようなものが入ります。上司（先輩）も部下（後輩）も、お互いスイッチの切り替えができていないまま、キャリアの話をしようとすると、ついついビジネスの延長線上のような会話になりがちです。1on1を実施する上司（先輩）の立場にある方は、日々忙しく、きっと1on1の直前までビジネスの話をしていることでしょう。時間的な余裕がない中、頭や気持ちを即座に切り替えるのが難しいのは当然です。

ですから、1on1の前に1分でも2分でも「ふうっ」とひと息つく時間を必ず取って、まずはいったん、自分自身を落ち着かせましょう。「よし、キャリアについて話すぞ！　1on1モードにスイッチオン！」と意識的に切り替えるイメージです。

■何を話したらいいかわからない

「キャリアの1on1って、何を話せばいいの？」という質問を受けることがありますが、「キャリアに関わるテーマなら何でもいい」というのが回答です。前述したような気恥ずかしさから、話すことが見当たらないと思い込んでしまう場合もあるかもしれませんが、次ページの図を参考に、テーマを見つけてみてください。また、部下（後輩）に「キャリアに関わるテーマなら何でも話してもらって構いませんよ」と説明

■キャリアに関わるテーマの例

夢・ビジョン

大切にしている価値観

中長期のキャリア形成やライフプラン

仕事の悩みや人間関係

自己理解
（大切な価値観や他者から見た強み、のびしろ）

自分らしいリーダーシップ

ライフイベント・プライベート課題

など、幅広い……

すると、安心感を与えられて、話しやすくなる場合もあります。

どこまでプライベートに踏み込んでいいのかわからない

キャリアについて対話をするときは、会社や業務の話だけではなく、プライベートの話も出てくるでしょう。そのため、「どこまでプライベートに踏み込んでいいのかわからない」というお悩みをよく聞きます。

「あまり踏み込んでしまっては、ハラスメントになるんじゃないか？」という不安があるのも当然です。

けれども私は、この悩みに対し、「タブーはない」とお伝えしています。ただし、「両者の間にしっかりとした信頼関係が形成されている」ことが大前提で、「**興味本位で聞かない**」という条件付きです。加えて、「**何のためにそれを聞くのかを明確にする**」ことが欠かせません。さらに、「**話したくないなら話さなくてもいい**」という権利を必ず相手に伝えましょう。この３つの条件を満たすなら、話すテーマの中にタブーはないと感じます。

プライベートな話でも、「興味本位で聞かない」「何のためにそれを聞くのかを明確にする」「話したくないなら話さなくてもいいと伝える」の3つをきちんと守りながら聞くことができると、相手も本音を言いやすくなります。

「〇〇さんは、管理職に挑戦したいけど、ライフイベントを考えると、モヤモヤしているとおっしゃっていましたね。ライフイベントで変化がありそうな予定はありますか？　言いたくなければ、もちろん言わなくても構いません。もしあるのであれば、あなたのありたい未来や感じてる不安を知った上で、一緒に考えていきましょう」

「そうですね、実は今、不妊治療をしています。でも、管理職にも挑戦したいですし、どうしたら良いでしょう……」

「教えてくれてありがとう。そういうことで悩んでいるんですね。もう少し聴かせてください」

「ありがとうございます！　育児をしながらも、管理職ができるのか、アドバイスがほしいです」

意外と早く課題や悩みが解決してしまった・悩みがない

1on1は、セッションを受ける部下（後輩）が自分自身と向き合い、自分のありたいキャリアを明確にし、実現していくための時間です。そのため、1on1の目的は、お悩み相談を受けるだけではありません。

たとえば「グローバルで活躍する」ことを、大きなゴールに設定した上司と部下の1on1の例で考えてみましょう。

初回に、「理想の未来のキャリアに向けてやるべきこと」をテーマにして話し合った結果、「英語を勉強する時間が必要。しかし、その時間が取れないこと」を解決しようという流れになりました。

そこで当面は、「業務を効率化し、残業を10％減らす」ことを小さなゴールに設定し、1on1でさまざまな対話を深めていきました。

ところが、4回目の1on1を実施するころ、思いのほか早く課題が解決しました。部下が、「いただいたアドバイスも参考にいろいろと試してみた結果、最近は英語学習の時間が取れるようになってきました。ありがとうございました。もう大丈夫です」

と報告してきたのです。

こうした場合に、「4回目以降の1on1は何を話せばいいのか？」と不安になる必要はありません。当初の大きなテーマに立ち返り、「グローバルで活躍する」という大きなゴールに沿って、話すテーマはたくさんあります。部下が自分の未来にワクワクできるように、たとえば次のような質問や提案をしてみるのもいいでしょう。

- □「グローバルで活躍するために、自分の強みやのびしろについて掘り下げるのはどう？」
- □「多様な背景の人とチームを作るためのリーダーシップについて考えてみない？」
- □「将来、さらにステップアップするとしたら、どんなことをやっていたい？」

■相手が緊張してしまい、本音が言いにくい雰囲気になってしまった

普段、あまり話す機会がない相手だったり、年齢が離れていたりする場合、相手が緊張してしまうケースがあります。緊張をほぐすには、やはりオープニングでのアイ

スブレイクが大切です。次の項目をチェックしてみて、思い当たることがあれば、１つずつ改善してみてください。

□ １ｏｎ１が始まったからといって、いきなり本題に入っていませんか？
⇩ とくに初回は、まずお互いを知るために時間を使いましょう（１３４ページ参照）

□ 雑談は、あなたがしたい話をしていませんか？
⇩ 相手の関心がありそうなテーマを相手に振りましょう（１３５ページ参照）

□ 自己紹介するとき、「すごい人」感やキラキラ感を押し出していませんか？
⇩ 失敗談なども踏まえた人間味のある話で、まずは自己開示をしましょう（１３５ページ参照）

□ 相手を質問攻めにしていませんか？
⇩ 間を怖がってはいけません。リフレーズのスキルを使ったりしながら、相手が本音を話しやすい空気を作りましょう（76ページ参照）

□ あなたばかりが話していませんか？

⇩ 相手が口を挟むタイミングを作りましょう

以上のことがクリアできていて、それでもまだ相手が緊張しているなら、たとえば次のようなひと言を率直に伝えて、場を和ませてもいいかもしれません。

「なんか緊張しちゃうね。私もちょっと緊張しているよ」

■こちらが緊張してしまった

「どうしよう、何を話そう……」と、こちらまで緊張してしまうことがあるかもしれません。

この場合、あなたの意識は相手ではなく、自分自身に向かっている可能性が高いと言えます。まずはひと呼吸置いて、**自分の意識を相手に向けるように心がけましょう。**

あとは、もし自分が緊張しやすいと認識しているのなら、リラックスグッズなどを事前に用意してみるのも1つの方法です。たとえば、手元にハンカチを置いておき、緊張してきたら握ってみる、お気に入りの飲み物を飲んでみるなど、相手に失礼にならない範囲で、あなた自身がリラックスできるように工夫してみてください。

大前提として、1on1はメンター役のあなたのための時間ではなく、相手のための時間です。それを念頭に、相手と1on1の目的に意識を向けるようにすれば、うまく意識を切り替えられるはずです。

転職や離職の相談をされた

部下や後輩から何か相談された場合、ディープカンバセーションなしに安易なアドバイスをすべきではありません。70ページでもお伝えした通り、転職や離職の相談も同じです。

「転職したい・離職したい」と考える本人の気持ちと、実際に転職や離職をする行動との距離感はどれくらいあるのか。まずはそれを推し測るために、傾聴と深掘りをしてみましょう。「転職が決まっています」というのと、「転職を考えている段階です」というのとでは、切迫の度合いが違います。

その上で、まずは「転職したい・離職したい」と話す相手の思いを引き出していくことが大切です。傾聴と深掘りを繰り返して、相手の心中にうず巻いているであろう「現状への不満」や「未来への期待」あるいは「転職をすることで得たいこと」「望んでいるキャリア」について明らかにしていきましょう。

それらを踏まえて、「まずは何を解決すれば、もっと希望がもてるんだろう?」「本当にやりたいことを叶えるためには何が必要なのか?」などと、深掘りし、必要に応じてアドバイスをしてみてはどうでしょうか。

相手のありたい未来を掘り下げたら、会社を辞めてしまいそう

これは管理職の方々から、部下(後輩)へのキャリア1on1の実施にあたって、一番多く出る質問です。しかし、むしろありたい未来や大切な価値観と合っているのかもわからない会社で、人は長く活躍することはできません。1on1は、会社の方針やビジョンと、当人のビジョンの重なりを見出してあげることも、また大きな役割なのです。

「何のために自分は今、働いているのか」「本当の自分はどうありたいのか」といった、「自分の本音」に向き合えるよう支援し、同時に、所属する組織や会社のビジョン

について も咀嚼《そしゃく》して、重なりを示していく。これができると、本当の意味で、個々人がモチベーションを高くもって充実したキャリアを歩むことができます。さらに、組織と個人の関係性もｗｉｎ－ｗｉｎな状態だと言えます。

ですから、「本音なんて引き出したら、辞めてしまう」とあなたが焦る必要はありません。それよりも、**相手が目指すものと組織が目指すものの「共通点を探す」という気持ちで臨んでみてください。**

たとえば、あなたが製薬会社で管理職として働いていたとします。同じ部署の部下には、ゆくゆくはリーダーを担ってもらいたいと期待しています。ところが、実施した１ｏｎ１で部下は、「実は私の夢はパン屋さんを開くことなんです」と本音を語りました。「いやいや、うちは製薬会社だけど……」と、このままでは折り合いがつきません。

こういうときは次のように、組織と部下の目指す方向性をそれぞれ膨らませながら、両者が一致する共通点にフォーカスしていきましょう。

（上司）「どうしてパン屋さんなの？」

（部下）「実は昔、病気がちで食の細い母が、私の作ったパンで笑顔になってくれたんですよね。母の病気を治したい一心で製薬会社に就職しましたが、最近では、病気を治す薬よりも、食べ物で病気を防ぎ、人を笑顔や健康にしたいと思うようになったんです」

「なるほど。人を笑顔に健康にしていきたいという思いが、大事な価値観なのですね」

「そうですね」

「とても素敵な価値観だね。うちの会社は製薬会社なので、病気の人を治すというのがミッションです。だけど、人の健康、そして健康を通じて身近な人を幸せに笑顔にするという点では、あなたの価値観にも重なる気がするな。ちなみに、あなたの望む、人を健康にするパン屋さんっていうのは、たとえばどんなパン屋さんなの？」

「そうですね、話していて気づいたのは、パン職人になりたい、パン屋を経営したいというよりも、日々口にする食べ物の素材や栄養を少しでも変えると、人はもっと健康になれる、というのを、より多くの人に伝えたい……のかもしれません……」

「なるほど！　パン職人というよりも、健康増進の啓蒙活動に興味があるのかな？　少しアドバイスしてもいい？　うちの会社がスポンサーになっている、市民向けの健康講座が土曜に開催されるから、手伝いをしてみたらどうだろう？　そして、こういうイベントの運営の手伝いをしてさまざまな人とチームとして組んでみることは、君がいずれリーダーになったときにも役に立つと思うな。そして、人を健康にするということは、この製薬会社の中でも実現していけると思うよ」

「ありがとうございます。やってみます！」

相手の夢や希望を壊すことなく膨らませながらも、組織が目指す方向性と一致する部分を見つけ、相手に伝えていくのです。このときに**大事なのは「抽象化」**です。「パン屋さんになる」という個別具体的な部下の回答を踏まえながらも、「あなたは食を通して人を健康にしたいんだね」と発想が広がるように抽象化していきます。それによって、相手の真意を汲みつつも、相手に新しい提案や解釈を提案することができるのです。

相手と組織の方向性を一致させる意味で、「共通点を探す」という意識はとても重要です。相手の具体的な回答を踏まえて抽象化する。これを何となく意識して、１ｏｎ１に臨んでみてください。

第6章

ケーススタディで考える
うまくいかない1on1の解決法

SECTION 1

なかなか相手の本音を引き出せない

本章は、実際によくある1on1にまつわるお悩みを踏まえて、どのような対話をしていけばいいのか、ケーススタディ形式で見ていきましょう。

「なかなか相手の本音を引き出せない」。これもよく聞く悩みです。とくに、相手が言いにくいことを引き出す場合はなおさらです。ここでは、次のような設定でケーススタディを見てみましょう。

気がかりなAさんの例

体調不良を理由にした休みが増えたAさん。伸び悩んでいるようで気がかりです。そこで1on1を行うことにしました。ただ、どこまで踏み込んでいいのかわからず、「最近、お休みが多いけど、どうしたの?」とは聞きづらい状況です。そこで、メンタリングのスキルを使いながら、Aさんの本音を探ることにしました。

「仕事のこと、あなた自身の人生や、ありたい未来についても、率直に話してください。ここでの話は守秘義務を守りますし、あなたの評価にも影響しません」

「わかりました」

「その上で、もし言いづらいこととか、これは聞いてほしくないということがあったら、それも遠慮なく言ってください」

「はい」

「では、あなたのキャリアを考えるために今からいろいろと聞かせてね。どんな人生やキャリアを歩みたいと思っているのかな？」

「うーん……まあ、キャリアと言われても、あまり考えたことはありません。このまま普通に頑張ります」⇧**あまり本音を話していないと上司は判断**

「そうか。そうだよね」⇧**まず、相手を受け止める**

「たとえば、3年後にどんな仕事や人生だったらうれしいかな？」⇧**質問を具体化してみる**

「……」

「……」⇧ **間を怖がらずに待つ**

「そうですね……」

「うん……」⇧ **沈黙に耐えて待つ**

「営業の仕事をもっと極めたいかもしれません……でも、プライベートで少し不安なことがあって……」

「そうなんだ。うん、不安なこと……」⇧ **リフレーズと組み合わせながら、待つ。「それって、どういうこと？」「具体的には何？」などと質問攻めにしない**

「それでちょっと、先月はお休みや早退をいただきました」

「そうなんですね」⇧ **共感を示しつつ、ここでも待つ**

「ちょっと母親の具合が悪くて……」

「そっか。お母様の具合が……」⇧ **リフレーズしながら、ゆっくり待つ**

「……」

「今、頭の中に何が思い浮かんでいる？」⇧ **数十秒待ってみても相手から言葉が出てこなかったら、違う角度から質問をしてみる**

「……」⇧ **相手が固まってしまっているなと判断**

「もしかして、すごく言いにくいことを聞いてしまったかな。もし、そうだったらごめんね。無理に言う必要はないからね」

「……母が認知症になり、週2～3回実家へ戻っていますが、いろいろ大変であまり眠れていません」

「Aさん、そうだったの。話してくれてありがとう」⇧ **相手の名前を呼んで、相手が本音を話してくれたことにきちんと感謝を伝える**

「はい。なので、キャリアと言われても、私生活がまだどうなるかわからないので、先が見えません」

「そうですか。もし良かったら何か役に立てることがあるかもしれないので、話をもう少し聞かせてください」⇧ **ここから先は、具体的な課題を掘り下げ、アドバイスにつなげる**

相手から本音を引き出すときは、第3章でお伝えした傾聴のスキルを織り交ぜていくわけですが、その際には、とにかく焦らず、ゆっくりと時間をかけながら聞いていくようにしましょう。少なくとも30〜40分、できれば1時間ほどしっかり時間を取り、相手の間を待ってあげられる余裕があると理想的です。

ただし、時間内に相手から本音を引き出せなくても焦る必要はありません。相手が「話したくない」と言ったときは、相手の気持ちを受け止めた上で、「今後も私はあなたの伴走者です」ということを伝え、引き下がりましょう。

「もしかして、すごく言いにくいことを聞いてしまったかな。もし、そうだったら、ごめんね。無理に言う必要はないからね」

「……すみません。やっぱり、ちょっと言いづらいです」

「わかりました。ここまで話してくれてありがとう。もし、話せるときがきたら話してね」

SECTION 2

話が深まらずにあっさり終わってしまう

話が深まらず、雑談で終わってしまったり、業務の会議のようになってしまったりするという悩みも多く聞かれます。

まずは冒頭に、次のようなひと言をかけて相手を安心させてあげてください。

□「この時間は、あなたのための時間です。とくに自分の中にある想いや希望、価値観といった普段の仕事では話さないようなテーマが中心になります。うまく話せなくても大丈夫です。うまく話そうとする必要もありません」

□「この場では、ロジカルに順序立てて話す必要はありません。それよりも、自分としっかり向き合って、正直な言葉で自由に表現してみてください」

その上で、次のケーススタディを見ていきましょう。

■深い部分の話をしたがらないBさんの例

１ｏｎ１を実施したものの、Bさんは自分の内面に深く潜り込んで話すのが苦手なのか、なかなか話が深まりません。簡潔な回答に終始することが多いため、部下の本音をさらに深化させる「深掘りテクニック」を駆使しながら、Bさんが大切にしていることや価値観を探っていくことにしました。

「Bさんが、仕事をする上で大切にしている価値観は何かな？」

「お金です。あとは昇進することと、楽しく働くことです」

「そうなんだ。じゃあ、お金はなぜ大事なの？」

「え？　お金は大事じゃないですか」

「じゃあ、会社ではどうして昇進したいの？」

「だって、認められたほうがいいじゃないですか」

「そっか。じゃあ、少し話を変えるけど、３年後にどうなりたい？」

「……ちょっと、わかんないです」⇧ **なかなか話が深まらないと判断**

「そう言えば、Bさんはご出身が山梨でしたね。大学で東京に出てきたのは何かやりたいことがあったからですか？」⇧ **「現在」や「未来」について相手がなかなか話を掘り下げられないときは、すでに経験してきた「過去の事実」に焦点を当てて話をさせる。その人の価値観や選択の軸がわかるような質問を投げかけてみる**

「まあ、そうですね」

「へ～！　たとえば？」

「もともと車が好きだったので、機械工学を学びたくて」

「だから、工学系に強い大学に進学されたんですね」

「そうです」

「機械工学を学ばれて、どうでした？」

「うーん、結局、あまり自分には向いていないと思いました」

「向いていない？」⇧ **「疑問形リフレーズ」で待つ**

「はい。機械工学を深めるより、マーケティングのほうに興味が出てきて」

「マーケティングに？」⇧ **「疑問形リフレーズ」で待つ**

「車を買う人の購買行動が面白いなって」

「へー、そうなんですね！　購買行動！」⇧ **相手が話してくれたキーワードを興味深そうに繰り返す**

「時代とともに人の購買行動って、本当に変わっていくんですよ。たとえば△△だったら◇◇になったり」⇧ **相手の関心が高そうなテーマと判断**

「Bさんは、この話をしているとき、生き生きとしていますね。もしかして、Bさんの仕事感や人生観にも何か影響を及ぼしていたりしますか？」

「どんな仕事をしていても、マーケティングの発想は大事だと思います」

「なるほど。じゃあ今、何も制約がないとしたら、マーケティングの発想を活かして、○○さんはキャリアの中で何をやってみたいですか？」⇧ **価値観や本質的な話へと徐々に深めていく**

このように、第3章でお伝えした深掘りのスキルを駆使して話を深めていきます。**話の深まりがないなら「話は変わりますが」とひと言断って、別の角度から掘り下げていきます。**相手の関心が高いテーマにたどり着いたら、そのテーマの話を振り、相手が大事にしているものや価値観などがわかるところまで深めていきます。

キャリアについて相手が「現在」や「未来」についてなかなか話を掘り下げられないときは、**「過去の事実」であれば、話を引き出しやすくなります。**過去の決断・選択の軸、過去の経験から得られたこと、思考のパターンなどを話してもらうことで、相手は未来へと少しずつ目を向けていくことができるはずです。

話し慣れていない人に対しては、最初はクローズドクエスチョンから入ると答えやすいでしょう。かと言って、一問一答になりがちなクローズドクエスチョンばかりだと、すぐに話が終わってしまい、なかなか話を深めることができません。そのため、質問するときは、「はい／いいえ」、「AかB」で答えられるクローズドクエスチョンと、相手が自由に答えられるオープンクエスチョンをほどよく混ぜていくといいでしょう。

SECTION 3

本当の課題が何かわからず、少しズレたアドバイスをしてしまう

■ワークライフバランスに悩むCさんの例

後輩のCさんと1on1を実施したところ、相手は仕事が過剰になりがちで、ワークライフバランスも取れていない状況に悩んでいる様子。モチベーションを保てないと話すCさんに対して、何が課題の本質なのかを見極め、先輩として1on1をすることにしました。

〈NG例：ズレたアドバイスをしてしまう〉

(後輩)「最近、プロジェクトが炎上していて、残業が多く、もうクタクタです」

(先輩)「ああ、それはよくあるよね。俺が若いころは、とにかく気合で乗り切ったな。炎上が収まるまでは、とにかく会社で寝泊りするくらいの覚悟で取り組むべきだ。寝袋を用意しておくと少しは体の疲れが取れるよ」

〇「はあ……」

これは悪い例です。話を掘り下げて「本当の課題」にまで行き着いていないので、本質的なアドバイスができませんし、持論の押しつけになっています。本当の課題の解決にはつながらない、少しズレたアドバイスになってしまっています。

相手の話は、その奥にあるものを意識し、縦に深めていくことが重要です。では、具体的に良い例を紹介しましょう。

〈OK例：相手の話を深く聞く〉

〇「最近、プロジェクトが炎上していて、残業が多く、もうクタクタですね」

●「クタクタなんだね……もう少し、聞かせてくれる？」

〇「たとえば、毎日顧客に怒られて、頭を下げながら、メンバーのタスク管理もしなくちゃで、睡眠も取れないし」

●「つらかったね。話してくれてありがとう。ところで、この状態で、まず一番解決したい点は何かな？」

「まずは納期までにプロジェクトを完了することですね」

「そのためには、何を変えていく必要があるかな？」

「タスクの抜け漏れを防ぐことです。最近、中途入社のメンバーが1人いるのですが、タスクの抜け漏れが多くて、余計に工数を取られています」

「なるほど。もし、あなたがそのメンバーの立場だったら、どういう状態が抜け漏れの原因になってしまっているのだろう？」

「もしかしたら、入社からずっとリモートワークなので、質問や不明点を抱え込んで、私や他のメンバーに気軽に聞くことができていないのかもしれません……」

「そうか。コミュニケーションが取りづらいために、あなたのワークライフバランスが崩れてしまっているんだね。ちょっと私の経験の話をしてもいい？」

「はい」

「オンラインでのチームマネジメントにはコツがあるなと思っていて。○○で△

△するとと、気軽に話しやすくなるんだ。これって、あなたのケースで何か使えそう？」

このケースでは、相手の話を縦に深めていくことで、後輩のワークライフバランスの悩みを解決するには、「メンバーとのコミュニケーションを取りやすくすること」だとわかりました。本当の課題がわかれば、アドバイスがズレることもありません。

ですから、「なぜ今、この人はこの話をしているんだろう」「この人は何を叶えたいんだろう」と相手が語る言葉の裏にあるものを意識しながら、深掘りを繰り出すようにしてください。

SECTION 4

「こうだよね」「こうすべき」とつい決めつけて言ってしまう

自分と他人は違います。たとえば、「仕事が大事」という価値観は同じでも、「仕事と私生活は割り切ってどちらも充実させる」人もいれば、「仕事が大事だから、私生活より仕事を常に優先させる」という人もいます。

ですから、「自分の正義と相手の正義は違う」ということを常に念頭に置きながら、対話に臨みましょう。

■海外赴任を予定している相手との結婚を考えているDさんの例

「付き合っている人が、来年、海外に転勤になりそうです。でも、その人とは結婚を考えています。どうしましょう。今後のキャリアについて悩んでいます」と、Dさんから悩みを打ち明けられました。

〈NG例：無意識の偏見から決めつけてしまう〉

（上司）「やっぱり夫婦は一緒に住んだほうがいいよね。やっぱり女性がついていくべきなんじゃない？」
（部下）「はぁ……」

対話するときに一番やってはいけないのが、無意識の偏見で「べき論」を語ったり、自分の考えを相手に押しつけたりすることです。

たとえば、「絶対に相手について行くべき」「絶対に残るべき」といった唐突な決めつけはご法度です。

また、「女性は育児や家事があるから」「やっぱり女性がついていくべきなんじゃない？」というように、無意識の偏見から出てくる決めつけた言い方にも十分注意してください。

「相手について行って仕事を辞めるか、相手との結婚をあきらめて仕事を続けるか。どちらかの選択肢しかないよね？」といった二極思考を押しつけるのもやめましょう。

相手がどうありたいかを踏まえて、1on1では会話を通して答えを相手と一緒に考えていきましょう。

〈OK例：相手の気持ちを深く聞く〉

●「Dさんが大事にしている職業観や家族像みたいなものはありますか？」

○「結婚しても、私は一生、仕事を続けたいと思っています。経済的に自立していたいし、今携わっているプロジェクトもようやく面白くなってきたところなんです。結婚したら、相手と一緒に暮らしたいし、家族は一緒にいるべきだと思うんです。でも、私が今の仕事を辞めて相手についていくのは、ちょっとモヤモヤするんですよね」

●「モヤモヤするんですね。パートナーの方とも、モヤモヤは共有しているんですか？」

○「はい。ただ、やっぱり、本音としては、一緒についてきてほしいんじゃないかなという気がします」

「そうですか。仕事を辞めて相手についていくか、結婚をあきらめて仕事を続けるかという2つだけの選択肢だとモヤモヤするんですよね？　それなら、それ以外に2人が幸せになれる別の選択肢って作れないですか？」

「別の選択肢が作れるなら、すごくありがたいです」

「私の昔の部下の話をしてもいいですか？　休職制度を利用して期間限定で帯同した人もいれば、日本に残って単身赴任の人もいました。また、知り合いから聞いた話ですが、帯同先で、一時的に業務委託に切り替えて、海外でもリモートで業務をしてキャリアを継続させたケースもあるようですよ」

このように、AかBかにとらわれず、AもBも、あるいはCの道も、と一緒に探っていきましょう。

うっかり自分の価値観や偏見を相手に押しつけてしまった場合は、「ごめんね。今のはちょっと偏見だったよね」「決めつけた言い方をして申し訳ない」などと、きちんと口に出して伝えましょう。

SECTION 5

最後にうまく話をまとめるのが苦手

■クロージングに苦手意識がある上司Eさんの例

アドバイスまでは順調に進められたものの、あっという間にクロージングの時間を迎えてしまいました。話の流れをなかなか思い出せずに頭が真っ白になってしまいました。そこで、クロージングの裏技を使って、なんとか相手に「この人と話せて良かった」と思ってもらいたいと考えています。

「まだ話したいことはたくさんあるんだけれど、終了10分前になったので、そろそろまとめに入りますね。今日は、話してみていかがでしたか？　どんなことに気づきましたか？」⇧ **本来はこちらから話を整理した上で感想を聞くべき（140ページ参照）。しかし、うまく整理しきれないので、裏技として、まずは先に感想を聞いてしまう**

「〇〇でした。△△だと思っていましたが、◇◇も実は大事なんだとわかりました」⇧ **相手が話している間に、あなた自身も話の詳細を思い出し、頭の中で話をまとめる**

「そうですね。◇◇という気づきがありましたね。そして、あなたの目標に向かってまっしぐらに走って行く行動力は素晴らしいです。一方で、自分の力だけではなく、もっと周りを巻き込んでもいいかもしれません」⇧ **助言も交えて相手をほめたり労ったりする**

「ありがとうございます。私は人見知りなので、人を巻き込むのはハードルが高いんですけれど、まずは隣の部署の〇〇さんに『ちょっとお話を聞かせてください』と言ってみようと思います」

「いいですね。次回までに、〇〇さんにもし声をかけられたら、ぜひ教えてください。あなたの行動力は本当に素晴らしい。あなたならできると思うし、きっと夢をつかめると思いますよ」⇧ **相手を存分にほめてから1on1を終える**

クロージングで悩む人は意外と多いものです。けれども、そのときに話したテーマと、対話の始まり、途中、終わりのポイントさえ押さえておけば大丈夫です。相手の話を細かく覚えていない場合は、感想から聞いてみましょう。

ちなみに、せっかくなので、理想的なクロージングの例についても、この場であわせて見ていきましょう。

「まだ話したいことはたくさんあるんだけれど、終了10分前になったので、そろそろまとめに入りますね」⇧ **クロージングに入る旨を伝える**

「はい」

「今日はまず、Fさんとは『3年後に海外で働いているために何の準備が必要か』というテーマで話をしましたね」⇧ **どういう話から1on1が始まったのかを振り返る**

「はい」

「最初、Fさんは、英語のTOEICのスコアアップに目が向いていましたね。でも、対話を深める中で、実は海外支店の人たちとのネットワーキングが重要だということに気づきました。たとえば、現在参加しているプロジェクトメンバーにバンコク支店の人がいて、その人とコンタクトを取ると良いかもしれないと気づいたんですよね」⇧ **途中で気づいたポイントについて振り返る**

「はい」

「そして、プロジェクトのまとめ役でもある営業部の〇〇さんに話しかけてみようということになりました」⇧ **結果的にどういう話に着地したかを振り返る**

「そうですね」

「では、ここまで話してみてどうですか？」⇧ **相手に対話を通じて気づいたことや感情の変化などについて尋ねる**

「はい。海外で働くために、最初はとにかくTOEICのスコアアップしかないと考えていました。でも、そうじゃなくて、英語を話せなくても、まずは今ある周りのネットワークを使って人脈を作っておくということが大事だと思いました。でも、私は人見知りなので、あまりよく知らない人と話すのってすごくハードルが高いんですよね。けれども勇気を出して〇〇さんに『ちょっとお話を聞かせてください』と言ってみようと思います」

「そうですね。次回までに、〇〇さんにもし声をかけられたら、ぜひ教えてください。ただ、どうしても勇気が出なくて声をかけられなかったとしても大丈夫ですよ」⇧ **宿題を出す場合は、相手にかかる負担が大きくならないようにする**

「わかりました」

「それにしても、いいと思ったらすぐに試そうとする、あなたの行動力は本当に素晴らしいです。あなたならできると思うし、きっと夢をつかめると思いますよ」⇧ **相手を存分にほめ、鼓舞してから1on1を終える**

SECTION 6

1on1で起こりがちなトラブルにはこう対応しよう

ここでは、1on1で起こりがちなトラブルに対して、具体的にどう対応すればいいのか見ていきましょう。

相手がメンタル不調だったら

1on1で相手と話すうちに、たとえば本人が語る言葉から病的な症状を疑うことがあったり、対応しきれないといったことがあったりしたら、そのまま1on1を続けるのではなく、一度切り上げましょう。無理に話を掘り下げようとすると、相手の不調が悪化してしまうおそれがあります。

「不調がある場合は中断する可能性がある」「心療内科に通院中の場合は主治医の許可を得てから」など、1on1を開始する前に伝え、中断の可能性についても合意を取っておくと良いでしょう。

実際に1on1を切り上げるときには、まずは次のようなひと言をかけて、相手が自分で動けるよう背中を押してあげましょう。相手の許可なく、突然、人事担当者などの第三者に相談するのは控えてください。

- 「ちょっと今、つらそうだけれど、1on1は一旦お休みして、時間を置いてみる？」と相手の意思を確認する
- 「不調があるなら、まずは産業医や専門のカウンセラーに相談すると良いかもしれない」と聞いてみる（ただし、相手が何か病気である、という決めつけはしない）

しかし、どうしても一人では抱えきれないほど深刻な状況であれば、人事担当者等と連携を図ることも検討してください。

■相手が心を閉ざしてしまったら

1on1で対話をする中で、「あ、今、相手の心の扉が閉まってしまった……」とい

うこともときにはあるでしょう。その場合は、下手に言い訳はせず、次のように素直にメンティに尋ねたり、謝ったりして、誠意を示しましょう。

「もしかして、今、私の言ったことで不快にさせてしまった?」と率直に聞いてみる
⬅
メンティが何か反応してくれたら、「言ってくれてありがとう」と感謝を伝える
⬅
「私はこういうつもりで言ったのだけれど、あなたの受け止め方はもっともだと思う。すみませんでした」と相手を受け止め、きちんと謝る

■第三者が「何を話しているか教えて」と言ってきたら

たとえば、社内で後輩と1on1をしていると、その後輩の直属の上司などから「1on1でどんなことを話しているか教えて」と聞かれるケースはわりと多いようです。

けれども、たとえメンティの上司が相手でも、守秘義務とメンティの信頼を守るべく、**「言わない」の一択しか存在しません。**

どんな場合でも、メンティの許可なく1on1で話した内容を第三者に漏らしてはいけません。守秘義務については、49ページを参照してください。

■自分の発言を相手がハラスメントと受け取ってしまったら

基本的に外見や性別、服装、体型に関することは、「言わない」というのが大前提です。

仲の良さや距離感の近さを示すために、「いじる」ことが癖になっているような人もいますが、良かれと思って言ったことが裏目に出たり、軽いジョークを言ったつもりが相手を傷つけていることもあります。

こうした無意識の偏見に根づく、無自覚なけなし行動を「マイクロアグレッション(小さな侮辱)」と言います。

たとえば、次のような発言は、相手を不快にさせたり傷つけたりする可能性が高い上に、相手からの信頼も失います。十分に気をつけましょう。

- 君は、痩せたらきれいだよ
- 髪の毛が少ないのにワックスが必要なの？
- 男なのに育児とか料理していてえらいね
- 女性なのに、バリバリ仕事してすごいね
- あなたはとても頭がいいね！　〇〇出身とは思えない！

言っている本人はほぼ無自覚です。明らかな差別に見えないケースもあります。そのため、言われた本人も、「もしかしてわざと？」と思いながらも確信がもてない、「黙っているべき？　指摘すべき？」と戸惑う、「言っても気まずいから放っておこう」と自分を納得させる、「きっと勘違い。私が考えすぎなだけだ」と自分をごまかす、「〇〇さんも悪気があったわけではない」と相手をかばう……というような心理になり、相手に指摘をするということがなかなかできません。

もし、言われた側が指摘したとしても、困ったことに発言した側に罪の意識がないので、「繊細すぎる」などと、かえって非難されることさえあります。しかし、言われ

た人の心には大きな負担がかかり、自尊心の低下によるメンタル不調や、信頼関係の悪化、挑戦やキャリア構築に対する意欲の低下、離職といった負の結果を招きやすくなります。

ですから1on1を実施する側は、自分の中にある無意識の偏見やマイクロアグレッションに十分注意する必要があります。良かれと思って言ったことが裏目に出たり、軽いジョークを言ったつもりが信頼関係を崩してしまいます。

もし、このようなうっかり発言をしてしまい、相手を不快にさせたり傷つけてしまった場合は、真摯に謝りましょう。

第7章

女性リーダー・管理職育成のための1on1の課題

SECTION 1

女性のキャリアの現状

キャリア1on1は、性別・年齢を問わず、働く人にとって非常に有効です。しかし、とりわけ女性に対して、とくに女性リーダーの育成の観点では不可欠です。ここから先は、なぜ女性に有効か、そしてどういう点に気をつけるべきかを見ていきましょう。まず、新聞やニュースなどで近年しきりに叫ばれている「女性活躍」とは、一体何なのでしょうか。「女性活躍」の定義はさまざまですが、そうした中で、私は、こちらの定義が一番腹落ちします。

女性活躍とは、
1.（女性本人が望むのであれば）働きたい女性が組織において、より安定的・長期的に働き続けられる状態
2.（女性本人が望むのであれば）成果を出して社会的上昇を果たしたいと思う女

性が、組織において高いパフォーマンスを発揮し、職位を上昇させられる状態

出典：『女性の視点で見直す人材育成』（2018年／中原淳、トーマスイノベーション／ダイヤモンド社）

つまり、その人が望むのであれば、安定的・長期的に働けることはもとより、働きがいとともに、能力やスキルに応じた適切な評価や配属、賃金上昇、地位向上などを享受できることが女性活躍の鍵です。

日本の企業でも、育児休業や介護休暇の制度をはじめ、安定的に、かつ長期的に働くための「働きやすさ」支援はずいぶんと充実してきている印象があります。

その一方で、能力やスキルに応じた適切な評価、配属、賃金上昇、地位向上などを享受できる「働きがい」についてはどうでしょうか。

日本では、就業者の44・6％を女性が占めるものの、部長級の女性の割合は、わずか7・7％だと言われています（厚生労働省「令和3年版 働く女性の実情」）。つまり、意思決定者が100人いた場合、そのうち93人が男性という状況です。

「女性が管理職になりたがらない」とよく聞きますが、身近に同性リーダーがおらず、多様なロールモデルがほとんどいないのに、長時間労働をしている男性が多い管理職になれと言われても、「自信がない」というのが、理由として挙げられます。

実際に「令和元年版　労働経済の分析　―人手不足の下での「働き方」をめぐる課題について―」（厚生労働省）によると、ロールモデルがいると答えた女性は、20代後半では約28％、30代後半になると20％以下まで下がり、どの年代においても男性より低い結果でした。これにより、企業が想定している以上に、働く女性はロールモデルがいないという所感をもっていることがわかります。

その他にも、キャリア全般について相談できる人が社内に圧倒的に少ないという現実も、大きく影響していると考えられます。当社が２０１８年に調査したデータでは、組織に属する女性約２００人に「（キャリアの相談相手となる）メンターはいますか？」と質問したところ、「いない」と答えた人が70％を占めました。

こうした実情を考えると、「男性管理職に囲まれ、かつ同性のキャリア課題に寄り添ってくれるメンターも不在」の状態では、思わず委縮したり不安に感じてしまうのは、むしろ自然なことかもしれません。

SECTION 2

女性への1on1は女性リーダー育成に大きく役立つ

身近に同性でリーダーとしてのロールモデルが不在で、キャリアの相談相手もいない場合、不安や課題を抱え込みがちになり、最悪の場合、離職へとつながってしまうこともあります。第1章でも触れたように、企業で働く人の場合、上長は男性であることが多く、キャリアの話ができる同性の先輩や女性特有のキャリアの課題の解決をサポートしてもらえる場が少ないというデータがあるのも事実です。

出産、子どもの受験サポート、あるいは更年期と管理職を両立できるのか、配偶者が転勤族であったり、不在がちな場合は、どのように自身のキャリアを積んでいけばいいのか、男性ばかりの管理職のグループに自分が入っていけるのかなど、女性をリーダーとして育成していくためには、組織全体で、こうした個々の女性のキャリアの課題に向き合いつつ、男性も巻き込みながら、組織風土も変えていく必要があります。当然、「目指すべきキャリアの成功=リーダーになる」だけではありません。キャリアは階段ではなく、ジャングルジムのようなもので、上に行っても、下に行っても、斜めに行っても良いものなのです。しかし、昇進している人を見たことがないという理由で、リーダーの役割という選択肢を最初から排除するのは、個人にとっても、社会にとっても、もったいないことです。リーダーになる能力や可能性があったり、リーダーになることで充実感をもてる女性もまた多くいるからです。そして、その結果、女性をはじめ、多様な人材が大いに活躍できる組織になっていくのですから。

その第一歩として、あなたがどのような性であっても、部下（後輩）の女性の成長に寄り添い、組織の中で可能性を発揮していけるような１ｏｎ１ができるようになることが、とても効果的でしょう。

SECTION 3

「女性だからと決めつけない」かつ「女性ならではの組織の課題を知る」

「女性と一括りにするのはやめてほしい」「その課題について私はとくに課題と感じていない」などと話す女性が意外と多くいらっしゃいます。

これはもっともな意見です。同じ女性でも一人ひとり違う人間ですから、「課題と感じている同性の人がいる」からと言って、「私」も同じように課題と感じるわけではないでしょう。逆に、「私は課題と感じていない」からと言って、他の人も同じく課題と感じていないわけではありません。

大事なことは、「一人ひとりがどうしていきたいか」という点です。女性部下（後輩）一人ひとりに向き合って、それぞれの課題やキャリアにフォーカスする。これが1on1の大前提になります。

とはいえ、日本の社会や組織において、構造的な課題があるのは事実です。

たとえば、世界経済フォーラムが２０２１年3月に公表した「ジェンダー・ギャップ指数２０２１（The Global Gender Gap Report ２０２１）」によると、各国における男女格差を測るジェンダーギャップ指数では、日本は１５６か国中１２０位（２０２１年）で、先進国の中で最低レベルです。マネジメント層の女性の割合が圧倒的に少ない、男性に比べて女性の賃金が低いといった組織課題も、まず事実として存在します。

「女性のやる気がない」「女性はリーダーに向いていない」「女性が管理職になりたがらない」などと言う人もいますが、その裏には、こうした組織的な課題があることを忘れてはいけません。

１ｏｎ１で女性の部下（後輩）と対話をし、その一人ひとりの能力を引き出し、リーダーとしての成長を支援したいと思ったとき、「女性が組織でキャリアを形成していく上で、立ちはだかる壁」については、少なくとも知っておく必要があります。

たとえば、キャリアに悩む女性部下の１ｏｎ１で、部下から「家庭との両立が大変で、昇進してリーダーを務めるのは考えられないです」と話があったとき、あなたはどんなふうに応じるでしょうか。

もし、日本の組織に横たわる構造的な課題を知らなければ、「そうだよね、女性は育児や家事があるしね」「もっと頑張れ、努力が足りない」「女性はやる気がない」などと、見当違いな言葉をかけてしまうかもしれません。そうなってしまうと、せっかくの1on1もおそらく失敗に終わるでしょう。

本章では、日本の組織におけるジェンダーの5つの課題について紹介します。女性部下（後輩）との1on1に臨む場合には、ぜひこうした課題を知った上で、一人ひとりに向き合ってみてください。

SECTION 4

【課題1】オールド・ボーイズ・ネットワーク

女性のキャリアアップを阻む組織の課題の1つが、「オールド・ボーイズ・ネットワーク（ＯＢＮ）」です。男性中心の非公式なグループや独特の文化や人間関係を指す言葉で、「閉鎖的人脈」とも言います。

男性中心の組織で、ＯＢＮがわりと強い組織では、ＯＢＮに多くの情報が集中し、回っています。そのため、「土日のゴルフや飲み会での話が決定事項になる」といったことが往々にしてあります。また、組織横断でさまざまな先輩たちと、この先どんなキャリアを歩みたいのかという話が気軽にできる機会や、メンター的な人脈の紹介が行われることもあるでしょう。

たとえば、「あの部署は、今度○○の部署と統合するらしいよ」といった前情報が、ゴルフに参加した人の間で共有されるとします。でも、そこに参加していない人はその情報を受け取れないので、知るのは組織変更が行われたあとになります。ＯＢＮが強い会社では、こういうことが日常茶飯事です。ゴルフに行く人と行かない（行けない）人では、手に入る情報量にも、人脈の層の厚さにも格差が生まれるので、ゴルフに行かない（行けない）人はおのずと「蚊帳の外」に置かれることになります。

もちろん、「ゴルフに行かない（行けない）人＝女性」と一括りにすることはできません。ゴルフが好きな女性で、ラウンドを回っている方はもちろんたくさんいらっしゃるでしょう。その中で、ＯＢＮに積極的に入っていける女性も一定数いるかもしれません。

一方で、男性にも、育児や介護、体調面などの事情から週末の社内ゴルフに参加できない方は当然いらっしゃいます。それに、そもそも単純に「ゴルフをすればＯＢＮに入ることができる」という話でもありません。

問題なのは、男性中心のＯＢＮの中にマイノリティが入りづらかったり、あるいは権限のある男性が、自分と似ている属性の人にだけ、情報を優先的に提供してしまうことでしょう。

女性が「ＯＢＮに入れない」ことと、組織で権限をもつ男性が「俺だって女子会に呼ばれない」と主張することは、話の次元がまるで違うことがわかるはずです。

ＯＢＮが強い組織は、日本にまだまだ多く存在します。けれども、本当の意味で多様な人たちが活躍する組織にしていくには、「大切な話は必ず公式な場でする」を徹底していく必要があります。

もちろん、ゴルフや飲み会が悪いと言っているのではありません。顧客はもちろんのこと、上司や部下、同僚たちと親睦を深める場はとても大切です。とはいえ、キャリアについて話し合える機会や人脈を広げられる施策を、組織側が意図的に設計していく必要があります。たとえば、キャリアの対話や人脈づくりのネットワーキングは、自然発生的なネットワークだけに任せないよう、１ｏｎ１の設定がより一層求められます。

SECTION 5

【課題2】的外れな配慮

実は、「女性は子どもが3歳になるくらいまで育児に専念するもの」と思い込んでいる方がわりと多くいらっしゃいます。そのため、親切心がゆえに、「○○さんは、子どもがまだ小さいのに職場復帰して大変だろうから、簡単な仕事で済む部署にしてあげよう」などと、少し的外れな配慮を一方的にしてしまうケースがあります。

これが、いわゆる「配慮しているつもりが、育成の機会を奪っている問題」です。

育児の文脈で語られることが多いのですが、そのほかにも生理や更年期などの体調変化、親の介護やパートナーの転勤などに際して、上司が一方的な配慮をすることで、モヤモヤする女性が多くいます。この場合、上司はまず、「あなたはどうしたいの?」「どんな働き方をしたいの?」と問いかけることが基本です。その上で、相手のキャリアへの希望や実現したい価値観を引き出し、何か課題があれば、助言をしたり、「どのようにしたら解決のサポートができますか」と伴走を示すことが鍵になります。

SECTION 6

【課題3】ジェンダーバイアス

女性部下との1on1では、性別に関する無意識の思い込み、「ジェンダーバイアス」にとくに気をつける必要があります。

たとえば、次のようなジェンダーバイアスです。

- 女性は感情的
- 大きな商談や交渉は男性のほうが向いている
- 共働きで子どもの具合が悪くなったときは母親が対応するべき
- 男性は一家の大黒柱で、私生活より経済活動を優先すべき
- 結婚後に家事や育児を担うのは女性
- 保育園に迎えに行くのは母親

とくに日本におけるジェンダーバイアスについては、内閣府男女共同参画局が行った「令和3年度　性別による無意識の思い込み（アンコンシャス・バイアス）に関する調査研究　調査結果」によると、次のような特徴があります。

- 異性に対する思い込みだけではなく、男性・女性自身も無意識のうちに自身で（異性より）強く思い込んでいることもある
- 家庭・コミュニティシーンでは、男性のほうが仕事と家事の分担に関して、性別役割分担意識が強い
- 職場シーンでは、男女ともに「育児期間中の女性は重要な仕事を担当すべきではない」という意識が強い
- 男性50〜60代で性別役割分担意識が強い

「あなたは女性なんだから」という周りからの偏見とともに、「私は女なんだから帰って、ご飯を作って夫を待つべき」「母親なんだから」といった自分への偏見も強いのです。

その結果、「女性にリーダーは無理」というように登用に影響が出てきたり、採用や育成で男女格差が出て、女性のほうが異動や挑戦的な業務が少なく、女性のキャリアに深刻な影響が出ているというデータもあります。

１ｏｎ１で何か発言するときは、「これって無意識の偏見ではない？」と常に自分に問いかけてみてください。

SECTION
7

【課題４】リーダーシップのジレンマ

日本の場合、無意識ながら社会が女性に求めるのは、たとえば「優しい」「気が利く」「控えめ」「母親のように献身的」といったフェミニンなイメージが強い傾向にあります。

また、社会がリーダーに求めるのは、「強い」「決断力がある」「統率力がある」といったイメージが強く、強いマッチョなリーダー像を思い描くことが多いはずです。

そのため、女性がリーダーを担うことになったとき、周りから期待される「女性へのフェミニンなイメージ」と「リーダーへのマッチョなイメージ」の板挟みになり、葛藤するケースが多くあると言われています（出典：「なぜ女性リーダーが少ないのか」２００８年６月／アリス・H・イーグリー／リンダ・L・カーリ／Harvard Business Review）。

男性のリーダーが堂々と振る舞うと「格好いい」「素敵」と言われるのに、フェミニンであることを期待される女性リーダーが同じ振る舞いをすると「生意気」「偉そう」などと言われたりする。これが「リーダーシップのジレンマ」です。

もちろん、男性にも「リーダーシップのジレンマ」を抱える人はいます。ですが、とくに女性の場合は、男性以上に葛藤をもちやすいということを知っておいてください。「女性」と「リーダー」のイメージギャップで、自分で自分の首を絞めてしまったり、周りからの視線に苦しんだりすることが少なくありません。

そのため、従来のリーダーや女性のイメージに囚われることなく、その人の強みを活かした、その人らしいリーダーシップのスタイルを探していけるような１ｏｎ１、そして助言をしていきましょう。

SECTION 8

【課題5】詐欺師症候群

「詐欺師症候群」とは、インポスターシンドローム（Impostor syndrome）のことです。この言葉は、女性プロフェッショナルを対象とした臨床研究で、心理学者のポーリン・R・クランスとスザンヌ・A・アイムスが作ったものです。

仕事やプライベートを問わず、大きな成功を収めたり、スポットライトを浴びたりすると、傍《はた》から見ればポジティブな出来事にもかかわらず、本人は「これは私の実力ではなく、たまたま運が良かっただけ」などと急に自信を失ったり、「この結果は私の実力ではないのに、周りを欺いている気がする」などと抑うつ傾向に陥ってしまうのが特徴で、女性がなりやすい傾向があるそうです。

また、不安になってうつのようになったり、自信がなくなってチャレンジを控えたりする傾向があるのも特徴です。

ですから、1on1をするとき、チームのリーダーに抜擢されるといった華々しいことから、業務のプロセスをほめられるといったささやかなことまで、一見すればポジティブなことなのに自信をもてずにいる女性がいたら、次の2点を意識して1on1を行ってみてください。

1つ目は、このような症候群があるということを伝えてあげることです。「自分だけが自信をなくしたり、不安を感じたりしているわけではない」と知ることで、不安感がやわらぐ場合があります。

2つ目は、不安や恐怖といった感情を、否定したり遮ることなく、そのまま受け止め、傾聴することです。本心を打ち明けやすいように、聞くことに徹すれば、安心してもらえるはずです。

この2点を意識して1on1をしていくと、少しずつ自信を取り戻していけるようになっていくでしょう。

第8章

女性との1on1をより効果的に行うために〈応用編〉

SECTION 1

中長期的な目線で仕事の目的・意義を共有しよう

本章では、女性との1on1でとくに心がけたいことや、ありがちな状況でどのように対応していけばいいのかなどについて説明しましょう。

まず、そもそもですが、キャリアに関する1on1を実施するにあたり、部下（後輩）に対して、「成長してもらい、この組織で長く活躍してもらいたい」という思いが前提としてあるはずです。その際、つい「女性には、結婚や育児などのライフイベントや、それにまつわる課題があるに違いない！」と思い込んでしまいがちです。

ただ、女性のライフイベントと言ってもさまざまで、結婚や出産、育児、不妊治療、介護、転勤、転勤帯同、生理、更年期などと幅広く、さらに、ライフイベントがある人、ない人がいます。ですから、「女性＝ライフイベントがある」という思い込みは捨てましょう。

一方で、女性特有の話が出たとしても、焦らず傾聴することが大切です。自分が経験したことがないテーマでも、アドバイスのスキルを思い出し、対応しましょう。

また、目下のライフイベントの話に留まらず、１ｏｎ１では長期的な目線で、人生や仕事の目的や意義を一緒に共有していくことが重要です。キャリアに正解はないからこそ、「中長期で、どうありたいの？」「ライフイベントで何かキャリアの課題にありそうなことはある？」といったことを、お互いによく話し合っておきましょう。

とくに、私が仕事で若い女性たちと話をしていると、年齢を問わずキャリアに対して漠然とした不安を抱えている人がものすごく多いと感じます。でも、「この先どんなことがありそうか」「そのためにはどんな準備が必要か」「そもそも中長期的にどんな方向に行きたいのか」などと、不安に感じていることを因数分解して、整理していくと、漠然とした不安やモヤモヤが不思議と解消されていくものです。

もちろん、人生には想像もしなかったようなさまざまなことが起こります。１ｏｎ１で話し合ったことが、すべて話した通りに進むわけではありません。けれども、自分の人生の大切なプランを話せる人がいる、場があるということ自体が、心強いものなのです。上司や先輩と、ライフプランも含めた話ができることで、安心感が高まる。

そう心得て、１ｏｎ１では未来のプランについて考え、共有しておきましょう。

SECTION 2

フィードバックはマメに、タイムリーに きちんと言葉で伝えよう

213ページで解説したように、女性は男性に比べて、昇進などでスポットライトを浴びたとき、「どうして私が？」「いや、自信がないです」と戸惑ったり、不安感を募らせたりする傾向が強いと言われています。

また同時に、女性と男性を比較した場合、女性のほうが、上司（多くは男性）から改善点や、あるいは良かった点や強みなどについて、フィードバックを受ける頻度が少なく、また、その具体性に欠けると言われています。上司が、女性部下を「傷つけたり不安にさせたりしたくない」という無意識のバイアスによって、遠慮してしまうことが原因だそうです。

その結果、成長機会が少なくなってしまいます（出典：「女性の自己認識力を昇進に結びつける3つの教訓」2019年6月／ターシャ・ユーリック／Harvard Business Review）。

ですから、特に女性との１ｏｎ１を行う場合は、改善点（「のびしろ」とも呼びます）や、強み・長所についても、**「マメに、タイムリーに、きちんと言葉で伝える」ことが重要です。**

もちろん、女性に限らず男性に対しても、マメに、タイムリーに、きちんと言葉で伝えるフィードバックが望ましいのは言うまでもありません。

ただ、女性のほうが不安感が大きくなりやすい傾向にあり、かつ、日ごろの機会も少ないため、よりマメに、タイムリーに、丁寧にフィードバックしてあげてください。

SECTION 3

「言葉で背中を押してあげること」で一歩踏み出すことができる

1on1で、「そもそも中長期的にどんな方向に行きたいのか」「この先どんなことがありそうか」「そのためにはどんな準備が必要か」を具体的に話し合うことができたなら、どうか具体的な言葉で相手を認めたり励ましたりして、部下や後輩の背中を押してあげてください。

マッキンゼーが2020年に発表したレポート『より多くの日本の女性リーダーの躍進を目指して』に、興味深い内容が掲載されていました。「管理職になりたいと思ったきっかけは何ですか」という質問に対して、男性管理職262人と女性管理職208人が回答した結果です。

男性は、「成果に見合う地位や相応の立場・報酬が得られるから」「同期・同僚に遅れをとりたくないから」など、金銭や社会的な立場、組織内での立ち位置を意識したことを、きっかけとして挙げる人が多く見られました。

一方で女性は、「憧れの先輩や上司に認めてもらい、期待に応えたいと思ったから」「自分の可能性を試したくて」「自分が目指す目標が見つかったから」といったコメントが多く、自分の強みや成長の機会をはっきりと自覚できる言動に出会ったことを、きっかけとして挙げる人が多くいました。

この結果からも、女性は男性に比べると、言葉による「ひと押し」がより重要だと言えそうです。

当社に所属する「社外メンター」の多くはリーダー経験者ですが、実際に彼女たちにも「リーダーになったきっかけ」を聞いてみると、やはり「周りからのひと押しがきっかけだった」と話す人が大多数なのです。

もちろん、これはリーダーになる、管理職になる、といった昇進だけに関わる話ではありません。女性部下や後輩の「成長」全般に関わる話なのです。

第7章でもお話しした通り、詐欺師症候群やジェンダーバイアスなど、女性が自信を失くしやすく、あきらめざるを得ないと感じてしまう状況や課題がまだまだ多く存在します。だからこそ、上司や先輩はあえてきちんと言葉にして、部下や後輩の成長を後押しすることが大切です。その際は、クロージングのテクニックの「労う・ほめる・鼓舞する」を活用してみてください（120ページ参照）。

実際に言葉で相手の背中を押す際は、次のポイントを押さえておくと良いでしょう。

□「あなたの○○という素質や、××という点は、リーダーとして不可欠な資質だと感じています。また、ここ数か月で、△△という努力をしてきたのも見ています」⇧ **相手の良い部分、変化、努力を具体的に伝える**

□「あなたならできる。期待しているよ」⇧ **最後に、期待など相手が自己肯定感を高められる言葉を添える**

このとき、お世辞を言う必要はありません。本当に思ったことを言葉にしてください。揺れている人の背中を、言葉できちんと押してあげることで、必ずポジティブな影響が出るはずです。

SECTION 4

女性との1on1でありがちな状況～こんなときはどうする？～

ここからは、とくに女性との1on1でありがちな状況を踏まえて、どのようなステップで対話を進めていけばいいのかについて説明していきましょう。

ステップ自体は簡潔に記述します。ただ、そこから本章以前のページに戻って、1on1に必要なスキルや認識について改めて振り返ったり深めたりできる構造になっています。ぜひ、本書を逆引き辞典のようにも使っていただき、女性との1on1にありがちな壁を乗り越えていってください。

Ⓠ 難易度の高い仕事に「自信がないので辞退したい」と言われたら

難易度の高い仕事を打診したり、リーダーや管理職への昇進を促したりしたところ、相手から「自信がないので辞退したい」と言われました。このような場合は、次のステップで相手の背中を押してあげましょう。

1. まずは理由をしっかり傾聴する

なぜ辞退するのか、なぜ自信がないのか、まずはその理由をじっくり傾聴しましょう。たとえば第7章で紹介したような「ジェンダーバイアス」（208ページ）や「リーダーシップのジレンマ」（211ページ）、「詐欺師症候群」（213ページ）、などが深く関係しているかもしれません。

2. 「自信がない」の奥にあるものを整理し、課題の解決に向けてアドバイスとサポートをする

アドバイスのスキルについては、92ページを参照してください。

3. 「自信がない」と断られたとしても、引き続き、定期的に対話をしていく

1回の1on1で解決しようと焦る必要はありません。気持ちや相手の状況は時間とともに変化をしていきます。焦らず定期的に対話を継続しながら、寄り添っていきましょう。

Q 大きな成果を出して評価されたのに、自信がなさそうにしていたら

昇進したり、受賞したり、評価されたりしたはずなのに、急に自信をなくす女性は本当にたくさんいます。これは、「詐欺師症候群」（213ページ）に陥っている可能性が高いので、次のステップで対応しましょう。

1．「もしかして、それって詐欺師症候群じゃない？」と状況を客観的に言語化してあげる

1on1を行ったとき、「あなたは○○アワードで賞を取ったばかりなのに、今日は元気がなさそうだね」などと、まずは相手の状況を言葉にして、気にかけてあげてください。

その上で、相手が「いやいや、あんなの私の実力じゃないんですよ」「あんなに注目されて、ちょっと逆に引いちゃいました」などと、喜ばしい状況を否定するような言葉を発していたら、相手は「詐欺師症候群」に陥っている可能性が非常に高いです。この場合は、「詐欺師症候群っていうのがあって……」などと状況を

言語化してあげましょう。

相手は、「私だけじゃないんですね」などと自分が陥っている状況を客観視できるので、不安感や不信感が和らぐことが多いのです。

2．不安な気持ちや揺れている気持ちを傾聴し、受け止める

さらに、「詐欺師症候群になると、誰だって不安な気持ちになるんだよ。今どんな気分？」などと、相手が感情を吐き出せるように促しましょう。ありのままの感情を聞いてあげることで、相手の不安感が緩和されると言われています。

このとき大事なのは、「いやいや、そんなことはないよ。成功したんだから」などと安易に励まさないことです。そこはじっくりと傾聴し、「不安なんだね。他にはどんな気持ち？」「失敗が怖いんだね。そうか、わかるよ。他にはどんな気持ち？」と、相手が自分ときちんと向き合えるサポートをしていきましょう。それを積み重ねていくと、相手の不安は少しずつ緩和されていきます。

深掘りのスキルについては、76ページを参照してください。

Q「ワークライフバランスが難しい」と相談されたら

「管理職になって自分の時間がない、家族の時間がない」「業務が逼迫《ひっぱく》していて、心身ともに全く休まらない」「残業が多くてモチベーションが上がらない」といった悩みは、1on1でも頻出のテーマです。

ただし、これには働き方改革が何より重要です。いきなり相手が望むワークライフバランスを実現することはできません。

ですから、次のステップを繰り返しながら、少しずつ相手の理想に状況を近づけていくようにしましょう。

1．現状と課題を整理する

どういう状態が理想なのか、そのために具体的に何が課題となっているのか、まずは現状と課題について整理しましょう。

その上で、たとえば、「何を減らせば、今、感じている10のつらさが7になりますか？」「今の業務量が100だとして、たとえば50、60にするために改善できることはある？」といった数値化するような質問をしながら、取り掛かるべき課題に優先順位をつけていく必要があります。
傾聴と深掘りのスキルについては、68〜90ページを参照してください。

2．現状を改善するために助言する

いきなり100％現状を改善することはできません。「残業を1時間減らすために、こういう工夫をしてみない？」などと、取り組みやすいことから具体的なアドバイスをしていきましょう。

アドバイスのスキルについては、92ページを参照してください。

3．相手に助言を実行してもらい、振り返り、内省してもらう

大事なことは、1on1で共有したアドバイスを相手に実行してもらい、結果を検証してもらい、さらなる改善につなげることです。次回以降の1on1では、「アドバイスを実行してみて、どうだった？」「何か気づきはあった？」といった質問で相手に内省を深めてもらい、トライ&エラーの伴走をしていきましょう。

Q 出産前後の女性部下との1on1をどうする？

「○○さんは、まだ小さい子ども抱えて職場復帰したばかりで大変だろうから、簡単な仕事にすべきだ」などと、一方的な配慮に基づいた助言をするのは避けましょう。

207ページでもお話ししたように、こうした一方的な配慮は、相手の成長や納得できるキャリアにはつながりません。あるいは、この件は当然ながら、「仕事を取るか、家庭を取るか」という問題でもありません。「やっぱり子どもが小さいうちは、家庭と子育てに専念したほうがいいんじゃない？」といった偏見で、自分の意見を相手に押しつけるのはやめましょう。

こうしたケースでは、相手がどうありたいかということを踏まえて、次のようなステップで対話を進めます。

1．そもそも、出産を迎える手前の段階でキャリアの話をしておく

妊娠がわかったからと言って、明日いきなり子どもが生まれるわけではありません。出産までにはそれなりの期間があります。ですからその時期に、中長期で

何を目指すのか、どういうふうに働きたいかということを、前もって相手ときちんと話をしておくべきです。

2．相手がどうありたいのか問いかけ、明確にしておく

「そもそも、仕事にどんなことを求めているのか？」「ここから数年、どういう働き方をしていきたいのか？」など、まずは相手に問いかけ、相手の価値観を踏まえた「理想のキャリア」を明確にしておきましょう。

3．アドバイスもしながらプランの作成をサポートする

今後どういう働き方をしたいのか、どういうキャリアを理想とするのかが明確になったら、具体的にどういう準備ができるのか、アドバイスも交えながらプランを立てるサポートをしてあげてください。

4．職場復帰したあと、事前に立てておいたプランをもとに、相手の意向を聞く

いざ、相手が職場復帰した際は、出産前に立てたプランをもとに、改めて相手

の意向を聞くようにしましょう。相手の状況や気持ちが変わっていることは多く、変更が必要なこともあるはずです。その上で、負荷の高い仕事をどこまで任せるか、対話を通して決めていくといいでしょう。

Q「女性だけ特別扱いするのもちょっと違うのでは？」と言われたら

組織における女性管理職の比率などの話が出ると、ときに「女性に下駄を履かせているだけじゃないですか」「女性だけ特別扱いするのは違うんじゃないですか」といった意見が出ることがあります。

たしかに、組織における構造的な課題をきちんと認識していないと、そうした見方が出てくるのはごく自然なことかもしれません。

けれども、これまでお話ししてきた通り「人口の半数、就業人口の半分近くいる女性が、役職が上がるに連れて極端に少ない」という事実の裏に、無意識バイアスや組織のあり方など、さまざまな課題が複雑に絡み合っているのです。男性中心の組織で、シークレットブーツを履いてきた男性もいるのではないでしょうか。また、女性活躍は、女性のためだけではなく、女性「すら」活躍できない組織や社会は、誰にとっても息苦しい組織となるはずです。
しかし、対話の場では、次のようなステップで話をしてみましょう。

1. まずは相手が感じている違和感や抵抗感を受け入れる

「その気持ちはわかる。一人ひとり違う人間だから、女性、男性とラベリングすることはちょっと違うよね」などと、まずは相手の言い分を受け止めましょう。

2. 社会における女性ならではの課題を共有する

その上で、「ただ一方で、組織において、いびつな構造がある」「女性が昇進しづらいという現実は、女性に能力がないということではなく、組織ならではの課題があることによる影響が大きいかもしれない」「女性活躍は女性のためだけではない」といった現実を丁寧に伝えましょう。その上で、誰にとっても（そして、あなたがたとえ高齢になったり、フルタイムで働けない事情ができたりしたとしても）「働きやすく能力を発揮できる組織とはどういうことだろう?」と一緒に考えてみましょう。正論を押しつけたり、べき論で説得したりすることはやめましょう。詳しくは、１８０ページを参照してください。

3. 相手に話を戻す

相手が抱く違和感や抵抗感、組織における現状や課題を踏まえて、「じゃあ、あなたはどうしたい？」「この状況を変えるためにはどうしたらいい？」ということを話し合いましょう。

Q 「ロールモデルがいない」と言われたら

「この人を参考にしたい」という意味でのロールモデルは、部下や後輩の成長を後押しする存在として重要です。

けれども、とくに女性の場合は、ロールモデルとしてサンプルになり得る女性そのものの数が少ないのが現実です。また、組織が提示するロールモデルがワンパターンで、「ロールモデルが参考にならない」ということもありがちです。

社内に「この人の生き方を参考にしたい」と思えるロールモデルがいないのならば、「部分的にこの人の生き方を参考にしたい」と思えるパーツモデルを探しましょう。

パーツモデルなら、性別も関係なく、「この人のこういうところは参考になる」と自分の中に取り入れやすいはずです。

1．女性ということだけで、安易に女性のロールモデルを提示しない

「同じような立場の女性」という理由だけで、「あの人みたいにやってみたら？」「あの人ができているから、あなたもできるんじゃない？」などと安易にロールモデルを提案するのはやめましょう。

相手は、「いや、あの人と私は違う」などと、大なり小なり違和感を抱くのが関の山です。

2．男女関係なくパーツモデルを提示する

無理にロールモデルを設定する必要はありません。

それよりも、「あの人は、こういうやり方をしているけれど、その中であなたの参考になることはない？」「こういう人やああいう人がいるけれど、一部が参考になるパーツモデルはいる？」などと、男女関係なく、さまざまな属性の人を多様

に紹介していくことが大切です。

それでも、もし、「参考になるロールモデルが見当たらない」「もっと多様なパーツモデルがほしい」という状況があるなら、社外のロールモデルやパーツモデルとなるメンターをつけるのも一手です。

おわりに

　これまで、最前線で働いている女性が、仕事と引き換えに結婚や出産をするかどうか悩む姿や、女性がキャリアアップする際に横たわる多くのハードルを見てきました。また、従来のキャリア観に不安や疑問をもつ女性以外の方も、たくさん見てきました。

　キャリアにおいて正解はありません。ただ、そうした現実を目の当たりにしてきて、「働き続けるだけでなく、働きがいをもつって、すごく大変だな」ということを、これまでずっと感じてきました。

　しかも、「家事・育児は女性がするべきだ」「育児期間中の女性は重要な仕事を担当すべきでない」「男性が稼いで大黒柱になるべき」といった無意識の偏見がまだまだ根強く残る中で、社会からは「自律したキャリアを」などと言われるわけです。

　このような状況において、いろいろな生き方・経験をしてきた多様な「人生の先輩」がロールモデルとして、自分の人生・キャリアに伴走してくれたら何と心強いことでしょう。自らの経験を通して、また、社外メンターの事業を通して、改めてそう実感しています。

また、メンタリングスキルを用いた1on1は、メンティだけにメリットがあるわけではありません。メンターは、自分の知見や経験を言語化しながら、自分の中に埋もれている人生のストーリーを紡いでいくことになります。それをメンティへの助言につなげる過程は、間違いなく「自分を肯定する旅」になるでしょう。

自分のこれまでを振り返り、自分自身を受け止めて、失敗や挫折も含めて「学び」にしていく。さらに、その「学び」によって、相手がエンパワーされていくわけですから、メンターにとっても素晴らしい場になるはずです。

このような意味でも、1on1がより広く社会に浸透していくことを願って止みません。本書が、メンターであるあなたを励まし、勇気づけ、メンティがどんどん成長していくための一助となれば、これほどうれしいことはありません。

2023年2月

池原真佐子

読者特典　ダウンロード方法

本書の「ダウンロード可能」がついているシートは、データをダウンロードすることができます。インターネットに接続し、アドレスバーに下記ＵＲＬを入力してください。

読者特典ダウンロードURL

https://mentorfor.jp/1on1-book-benefits/

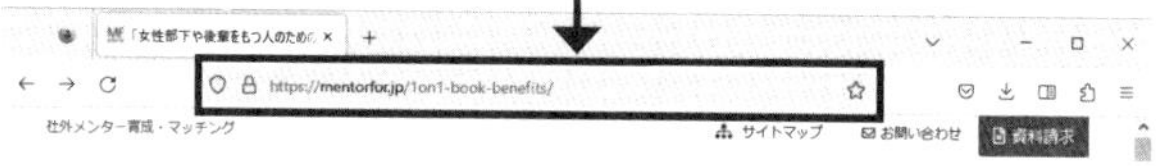

＊入力はすべて「半角英数字」で行ってください。
＊ファイルはzip形式にて圧縮を行っております。
解凍ソフトを別途ご用意の上、ご利用ください。

ダウンロードコンテンツ

●ライフチャート　●人生の棚卸し・自己理解シート
●自己紹介シート

- URL入力の際は、半角・全角等ご確認いただき、お間違えないようご注意ください。
- URLの第三者への提供およびSNSでの投稿はご遠慮ください。
- 本ファイルに起因する不具合に対しては、弊社は責任を負いかねます。ご了承ください。
- 本ダウンロードサービスに関するお問い合わせは、弊社ホームページの「お問い合わせ」フォームよりお願いいたします。
https://www.njg.co.jp/contact/
- 本ダウンロードサービスは、予告なく終了する場合がございますので、ご承知おきください。

池原真佐子《いけはら　まさこ》
株式会社 Mentor For 代表取締役、一般社団法人ビジネス・キャリアメンター協会代表理事。早稲田大学 大学院教育学研究科卒業後、PR会社、NPO、コンサルティング会社で勤務。在職中にINSEAD（Executive Master in Change）に入学、修士号取得。その後起業するも、出産・ワンオペ育児や海外生活を経験する中で、キャリア1on1やメンターの重要性を痛感し、女性リーダー育成に特化した「社外メンター」の企業マッチング事業を新たに開始。先人の知見を共有するメンタリングの手法を確立し、スクール事業も同時展開。多くの企業で社外メンターのマッチング、社内メンター支援、キャリア1on1等の導入支援の実績を持ち、組織の DE&I（ダイバーシティ、エクイティ&インクルージョン）推進に伴走する。第21回女性起業家大賞グロース部門優秀賞（全国商工会議所女性会連合会会長賞）、EY Winning Women 2022、第8回 DBJ 女性新ビジネスプランコンペティションファイナリスト、第5回女性起業チャレンジ制度グランプリ等受賞。

女性部下《じょせいぶか》や後輩《こうはい》をもつ人《ひと》のための1on1《ワンオンワン》の教科書《きょうかしょ》

2023年３月20日　初版発行

著　者　池原真佐子
発行者　杉本淳一

発行所　株式会社日本実業出版社　東京都新宿区市谷本村町3−29 〒162−0845

編集部　☎03-3268-5651
営業部　☎03-3268-5161　振　替　00170−1−25349
https://www.njg.co.jp/

印刷／厚徳社　　製本／共栄社

ISBN 978-4-534-05996-3　Printed in JAPAN